請問松浦彌太郎

將心安放的基本

松浦彌太郎・著

前言

「幸福」是什麼呢？

很難具體闡述，對吧？

我們當然都想得到幸福，而幸福一詞如同烙印在腦海中的理想詞彙。想歸想，但要獲得幸福必須具備許多前提。我認為至少對我們來說，幸福不是最重要的事。

那麼，哪個詞彙可以取代幸福？自己真心冀求的，又是什麼？要怎麼樣才覺得開心？過著什麼樣的日子才會感到安心？
如此思考的我突然浮現出——輕鬆自在的感覺很不錯。
雖然這種感受稱不上最好，卻也不差，算是位於中間值。也可以說是一種安適、安心、安穩的感覺吧。

我想再次確認。
我們一生追求的絕對不是成功、勝利、做出一番成就，或是得到他人的認同。
是時候差不多該跳出這種無限循環了。如果不跳脫循環，便無法掌握我們渴望的事物。

每天是否都感到心情沉重？或是心神不寧？是否感到焦慮不安？
要是不會有這樣的心情，每天都覺得很安心該有多好。

是的，我們需要的不是幸福，而是「安心」。
雖說如此，無論身處何種時代，安心的狀態不是仰賴他人與社會構築，
而是由自己催生所建造出來的。那麼，該怎麼做比較好呢？
這本書就是基於這種心情所醞釀出來的。

所謂安心，就是每天都能發現喜悅，對任何事物心懷感謝。
夜晚好眠，覺得明天又是美好的一天。

我想，支持這般安心感的就是稱為「時常」的習慣吧。
也代表自己過著什麼樣的人生。
亦即自身如何保有「時常」這習慣？為了發掘每天的喜悅，自身又是
如何養成「時常」這習慣？
這本書就是為了想和大家一起思考、分享這件事而存在。

你一定也有專屬的「時常」。

思考對於自己來說，所謂正確的基本——這麼做比較好，或是相信這麼做是對的。

請珍惜你的「時常」；對照我在書中所寫的「時常」；然後思考你個人的「時常」。要是覺得我提出的建議還不錯，還請放入你的清單。是的，就是像這樣試著檢視自身的「時常」，打造對未來的自己有所助益、且更好的「時常」吧。

「時常」是一種力量，也是你的生存之道。

不必一味追求「幸福」，用適合自己的「時常」，輕鬆度過安心的每一天。

松浦彌太郎

Contents 目錄

CHAPTER 1

讓自己幸福的「時常」

CHAPTER 2

人際關係的「時常」

CHAPTER 3

愛的「時常」

CHAPTER 4

變得富足的「時常」

CHAPTER 5

生活的「時常」

CHAPTER 6

健康有活力的「時常」

CHAPTER 7

安心的「時常」

CHAPTER 8

學習的「時常」

CHAPTER 9

工作的「時常」

CHAPTER 10

成長的「時常」

CHAPTER 11

為了明天的「時常」

10個基本的「時常」

請問松浦先生

總覺得生活不如己意，很不順遂，該如何是好呢？

「放寬心吧。
先從養成心的習慣開始。或是從一個小小的習慣開始也可以。一定會有所改變的。」

首先，我想談談，我告訴自己要嚴守的十個稱為「時常」的習慣。

每一個都很簡單。

但，如果想維持「時常」這習慣，就必須花些功夫、努力養成。

當你覺得不安、困惑時，請審視十個基本的「時常」。

或許你會獲得「啊、對喔」的新發現。

而且，一些很具自我風格的「時常」習慣還會成為你的護身符。

在你從中得到安心感的同時，也會帶給周遭的人安心感。

這是相當難能可貴的事。

①「樂在其中」以愉快的心，面對任何事

以愉快的心，面對任何事，是消除不安最有效的方法。

然而，你必須先瞭解所謂的樂在其中，並不是來自誰的給予，也不是向他人索求。

「好無趣、好麻煩」、「無意義、根本和我無關」，每天總會遇到不少這種事。

但一味迴避、敷衍以對，只是浪費每一天，讓生活變得更無聊。

「要是能去旅行就好了」、「要是能和朋友出遊，一定很好玩」、「要

是能買想要的東西該有多好」類似這樣的事只會帶來一時的快樂，當然有時是需要這樣的調劑沒錯。不過，我認為毋需刻意追求讓自己樂在其中的條件。樂在其中，本就不是向他人尋求，而是靠自己打造出來的。

所謂以愉快的心，面對任何事；就算面對不有趣的事，也能樂在其中。要達成並非易事，也因此，我們必須試著改變自身看待事物的方法，用積極的心態去接受任何事情，哪怕迎接困難的考驗，也要覺得自己很幸運。

「Lucky～～這件事對我來說，可能是一生只有一次的經驗與學習。」要是能以這種心態應對，就能如同戲劇裡的主角勇於挑戰。

「Lucky～～其實也不是那麼無聊的事。」即便遇到不想面對的難堪，這麼想的話便不會排斥，相信一切都是能讓自己樂在其中的要素。

不刻意追求讓自己樂在其中的條件，就能愉快地面對任何事。
這種事就像存款一樣，只要不斷累積，一定能體驗到超乎預期的效果，形成邂逅、發現，以及信賴的良善循環。

②「心懷感謝」相信感謝的力量

我們之所以能一路走到今天，多虧了許多人——善盡養育之責的父母、知心好友，還有彼此信賴的工作夥伴。生活無論如何都會與他人有所連結，也因此我們要時時心懷感謝。

而能給他們最大的回報，就是活力滿滿地過著幸福生活。不管是三餐正常又吃得健康、開心度過每一天、對別人的工作有所助益等等，都是回報對方最好的謝意。

即便是悲傷、手足無措、痛苦不已的時候，或是被誤會、背叛的時候，也要心懷感謝。人生難免會遇到所做的一切都被否定的時刻，只要轉換念頭，視之為促使自身成長的學習，便能心懷感激地接受。

年輕時，總是為了一點小事，感到情緒低落、焦慮不安，而無法排解心中的怨氣。整顆心被這些情緒束縛，也就無暇顧及周遭，久久無法脫離情緒低谷，只能把不滿往肚子裡吞，心也變得愈來愈脆弱。

這時最該做的，就是忘了不愉快的事，告訴自己繼續前行。

問題是，不是說忘記即可輕易忘掉。每當心情苦悶時，我會告訴自己：「這種經驗一定能活用於今後的人生，所以心懷感謝吧。」心情因此會變得輕鬆許多。光是如此想著，就能往前跨出一步，事態也會慢慢改變。

總之，覺得鬱悶痛苦時，試著謝謝眼前的一切吧。
只要心想「這次的經驗一定對我有幫助」，內心的不安與恐懼就會消失，也能緩和情緒。苦嘗莫大失敗，要向別人賠罪時，也只要告訴自己「感謝又得到一次經驗」便能克服。

感謝能有助於自己平心靜氣地面對各種磨練。哪怕是十分棘手的危機，也能想像成功解決後的美麗景色，相信自身絕對能克服。

常保感謝，肯定並接受各種事物，不必刻意費盡心力，也能自然地大步前行。
試著把最糟的情況，扭轉成最棒的結果。
無論面對的是開心的事，還是悲傷的事，都要一如既往地心懷感謝。

③「整頓」別忘了保養身心

整頓自己的身心狀態，是身而為人最重要的工作。

保持良好的身心狀態，每天都能開心地活動。為了追求更多樂趣，想要更努力時，整頓好身心就能充分發揮實力。

其中最重要的是飲食、睡眠與運動。

如何吃才能吃得健康？

如何做才能讓自己夜晚好眠，一早清爽醒來？

如何運動才能讓身體變得靈活健康？

即使年紀相仿、身高體重一樣，每個人所需要的睡眠時間、最適合的飲食方式也都有所不同。只有自己能調整狀態，所以要一邊嘗試各種方法，一邊打造最適合自身的生理節奏。

感到疲累倦怠、心情沉鬱，以及睡眠品質低落等等狀況，也是沒有好好保養身心的緣故。

當焦慮不安、情緒低落、總是提不起勁時，就需要靠自己整頓身心。例如，舒服地洗個熱水澡，活動一下筋骨，或是提筆抒發心情。這些都是不必看他人臉色，便能靠自己整頓身心的方法。

適度運動、散步、早睡早起、三餐定時定量。

這是我整頓身心的方法。

此外，可以下載管理體重與睡眠的應用程式。作為自己身體的管理者，要趁還沒出現大毛病時，好好養護。

而且要將仔細整頓身心一事習慣化。

人生的首要工作就是健康管理。

④「眼見爲憑」為了不後悔

別忘了要用自己的五感、雙眼、耳朵、腦與心，確認事物。別人看到的，不一定是你所見到的模樣；別人聽到的、思考的、感受到的事，也不一定和你聽到的、思考的，感受到的事相同。然而，現在這樣的分別卻愈來愈模糊了。

許多失敗，都源於沒用自身的雙眼確認便相信，僅憑「應該」的事實而行動所導致。

如同網購使人苦嘗失敗經驗，經常收到商品後才發現與想像中的不一樣。要是事前好好確認的話，狀況就不會發生。只好摸摸鼻子認了，結果就是浪費了錢。

自己用雙眼確認的情報，絕對比透過他人得知的二手情報來得正確。即使感到「麻煩」，總有一天也會認為對自己來說，是一次珍貴的經驗。

隨著科技日新月異，許多事都變得過度簡單了。然而便利卻也犧牲了不少事物，包括我們的經驗值每下愈況等等。因為在輕鬆便利的同時，也讓我們不自覺放棄了體驗的機會。

隨時捫心自問：「親自確認過了嗎？」這一點很重要。

⑤「不急躁」學習耐心等待

現今是個刻不容緩的時代，一切講求效率。因此，需要等待、花費工夫的事愈來愈少了，人們認為「速度」就是最大的價值。

近半世紀以來，搭乘新幹線從東京到大阪的時間，從四小時縮短到二個半小時。由於刷卡即可買票，只要看到網頁標示有所延誤，馬上就成了眾矢之的。

在一切講求效率的時代，任何事都會被拿來較量、判斷。

哪一個比較快？哪一個效率比較高？哪一個比較有利？

身處這股洪流中的我們，不知不覺也變得遇事急躁，凡事求快。明明人類不必像機械一樣講求速度，卻總是害怕被時間追過似的逼迫自己「快還要更快」，無疑是本末倒置。

縱使每天忙於生活和工作，還是要努力保有一定的從容感。

好比工作，匆忙趕工的結果往往影響工作品質，失去信用，甚至因倉促決定而出錯。

為了消化塞得滿滿的工作，經常無法顧及品質。但，充裕的時間才能擬定出最佳計畫，做出成果。

任何事物都需要充裕的時間處理，所以給自己足夠的時間，從容地著手進行吧。我們不是機器，也不需要像機械一樣凡事求快。

從容地活著，不急躁。慢工出細活，快不見得一定好。能否體悟到這件事，可以視為決定未來發展的分歧點。

⑥「知道自己的目的」

你想成爲什麼樣的人？

「長大後想做什麼？」

大人總是喜歡問孩子：你想成為什麼樣的人？你想做什麼？你想完成什麼事？

於是孩子們紛紛回答：

「我想當醫師」、「我想當老闆」、「我想住豪宅」、「我想成為名人」。

並將這些稱之為「夢想」。

我覺得問孩子這些問題很殘酷，因為他們非得說出答案才行。一旦孩子被反覆提問，會不會產生：「要是我沒有成為厲害的人，就得不到大人的認同」的想法。為了變成厲害的人，必須擁有過人的才華和運氣，可惜大多數人都難以滿足這兩項條件。

設定目標之後，有人會深信「自己絕對能發光發熱」，而形成了一種束縛；有人則思索「自己適合什麼」，繼續尋找自我。

當然，也有人實現夢想。但，「成為什麼～」並非生命的終點，人生還要繼續下去。

因此，我認為比起「想成為什麼～」，思考「想成為什麼樣的人」更好。自己是為了什麼而活？人生的目的為何？為此，我該學習什麼？該知道什麼？該具備什麼樣的經驗？

如此才能豐富人生，不是嗎？

我一直告訴自己要「當個讓他人信賴的人」。目的簡單明瞭就行了。

「想幫助有困難的人」、「總是面帶笑容」、「樂活」等等。多少有些改變也沒關係，把這些目的當作人生的路標，一旦對人生感到迷惘時，重新檢視目標就對了。

比如說，「想幫助有困難的人」的目的，和以成為醫師為目標相關，也是結果。

一直以來，我都過著不受名銜、職業束縛的人生，並不會思考自己「想成為什麼」，而是思考人生的目的。無論從事的工作、所處的狀況，我的目的始終沒變。

也可以說是我對社會的一點點反抗。在此想告訴大家：「不需要成為什麼，你也能幸福地活著。」對我來說，這是擺脫「想成為什麼」而得到的自由。

今後我也會繼續思索——自己想成為什麼樣的人。

⑦「面對」明白自己的弱點

我認為面對自己的欲望，是身而為人永遠的課題。

人只要敗給欲望，便會迷失方向、犯錯、失敗，也就容易發生令人難以置信的憾事。

無論是誰都有無法戰勝欲望的時候。既然如此，面對欲望，才能有效控制欲望。

越渴會越想一口喝光杯中的水——咕嚕、咕嚕地大口喝水真的很痛快。

但解渴並沒有那麼容易，當水通過喉嚨僅僅一瞬間，便想再喝一杯。
而慢慢喝對身體比較好，也比較容易解渴。

那麼，該如何控制欲望呢？
順從欲望，一口飲盡的結果就是想再喝一杯。
只要控制欲望，慢慢喝，喝一杯就很滿足。
當你快要臣服於欲望時，不妨想想喝水的道理，思考自己該怎麼做。
人生之所以陷入破滅境地，往往只是因為一時之間無法克制。

⑧「隨時更新」

永保謙虛、坦率的心

隨時抱持「今天又是新的一天」這種心情吧。「新」一詞難免令人緊張，謙虛面對就好了。如此才能學到更多東西。即使學得很精深，只要抱持初學者的心態面對事物，便能發現自己疏忽的基本功。

那麼，要如何每天自我更新呢？隨著年齡增長，這件事變得更重要。人一旦上了年紀，很容易陷入自己是對的、比誰都博學的迷思。殊不知善用智慧型手機的年輕人比自己懂得更多，像是國外娛樂圈的情報，年輕人絕對知道得更詳細。

其實，謙虛地說句「還請教導」的人應該是年長者。

我有位高齡九十一歲的朋友，博學的程度明明超過我好幾十倍。每次碰面時，他經常謙虛地說：「還請指教。」專注傾聽我所說的話語，因此，我們兩人總是相談甚歡。

搞不好他知道的比我還多，卻從未見過他不耐煩地打呵欠，總是一副初次聽聞的模樣，而這種態度就是一種自我更新的方法。

不管再熟悉的事，再稀鬆平常的事，還是人際關係的問題，都要以初學者的心態來面對。

年長者千萬別傲慢對待比自己年輕的朋友，許久不見的他們可能累積不少經驗，遠勝於你。

永保初心，便能鞭策自己隨時更新，也獲得更多新發現。無論是工作還是人際關係，時時更新，才是促使自己不停成長的訣竅。

⑨「深呼吸」讓自己放鬆的最佳健康法

放鬆，是最能做自己的時候。

唯有做自己，才能發揮實力，不斷迸出別具個人特色的創意。

隨時做個深呼吸。

讓自己放鬆的有效方法，就是深呼吸。

壓力大，呼吸會變得急促，也會覺得不太舒服。

緊張時，做個深呼吸；悲傷、疲累、興奮時，也可以做個深呼吸。要是興奮到快要失控時，告訴自己冷靜一下，做個深呼吸，便能找回平常的自己。

深呼吸有助於常保笑容。

我每天利用三個時間點好好地做深呼吸。一次是開始工作時，第二次是工作到一半，還有工作結束時。各做個十次，緩緩地吸氣，吐氣。吐氣時，要感受身體完全放鬆，這種方法可以舒緩心律不整、情緒焦慮等等問題，而且隨時隨地都能做，非常推薦。

⑩ 更喜歡「喜歡」

將「喜歡」當作路標

「喜歡」是守護自己想珍視的東西。
這是人生的信念。
「喜歡」為自己開拓一條路；「喜歡」激發學習欲，帶來新發現。
試著好好思考、調查一下「喜歡」為何吧。
一旦喜歡上「喜歡」便會覺得樂趣無窮，學到更多東西。
「喜歡」和「想成為」、「想要」不一樣。不是追求現在不存在的東西，而是就在身邊，貼近人生的事物。

也有人不明白什麼是「喜歡」。

喜歡的事、喜歡的東西，什麼都可以。

不管是電影也好，美食也罷，喜歡睡午覺，喜歡下雨天，什麼都行。

不必擔心被人嘲笑。這麼做有意義嗎？也不必這麼問自己。「喜歡」不必告訴別人，當作只有自己知道的秘密也行。

小時候曾經熱衷過什麼呢？從這裡開始去發現自己的「喜歡」吧。

以前可能曾被誰嘲笑、遭父母阻止，以致丟失了「喜歡」。無論是羞恥的事，還是無法向人啟齒的事，什麼都可以。再次想起過往「喜歡」的事物，試著說出「喜歡」吧。

我有個朋友從小就很喜歡聽風聲。她說自己最喜歡颱風天，看新聞播報各地遭受颱風侵襲的光景。有此愛好的她目前任職於研發風力發電的公司。參加求職活動時，偶然知道這間公司的她，想起自己從小喜歡聽風聲，便積極應徵這間公司。

更喜歡「喜歡」一事，也有助於發現自我。

有位女性友人很喜歡玫瑰，走訪各地的植物園，拍下美麗的玫瑰照片。她為了拍出更美麗的玫瑰，努力學習攝影，後來還舉辦個展。現在的她不僅拍玫瑰，也拍各種花卉，成為專業攝影師。

我不是要強調更喜歡「喜歡」一事能與工作有所連結，而是喜歡能帶來禮物，也是一種讓自己幸福的方式。

CHAPTER 1

讓自己幸福的「時常」

請問松浦先生

幸福，是什麼？

「幸福就是
對一切事物，
心懷謝意。」

人們從遠古時代就過著團體生活。比起一個人獨自奮鬥，團體共生能學到的東西更豐富。大家分工合作，分享食物，使用語言交流，利用貨幣構築生活。

本章所介紹的「時常」，是為了讓彼此信賴，充分交流的一種智慧；與誰都能和睦相處，減少紛爭，彼此惕勵成長；遇到困難相互幫助，對一切心懷謝意。「時常」，始終是人們生活的根基。

坦率　保有自我的同時，也能接受任何事物

要舉一個成功人士的共通點，我認為就是坦率吧。

俗話說：「坦率能超越千人。」意思是，坦率的人擁有好人緣、謙虛，能吸收任何事物，因此能聚集超越千人。

坦率與學習息息相關。坦率的人能以柔軟的態度看待任何事，不會執著於自身的經驗和想法。因為他們明白答案不只一個，便會嘗試摸索「應該有更好的點子吧」、「也許有更好的作法」接受一切事物，促使自己變得愈來愈強。

坦率的人總是打開心房，因而能與他人深交。

要是有人問我：「最近有什麼有趣的書？」我都會熱心地告知書名。倘

若對方當場掏出手機上網購書的話，我就會想再告訴他更多。要是我說：「這間餐廳很好吃喔！」等到下次碰面時，有人說他去吃了，我就會再進一步分享美食感想。

聽聞別人的建議，馬上筆記，不忘說「謝謝」、「我來試試看」的人，便會讓人想要支持他。坦率的人很容易吸引周遭人的幫忙，自然可以聚集超越一千人、兩千人。

面對自己的方式就是要坦率。當自尊與經驗被否定時，不管別人說什麼都能平靜回應，而不是立刻情緒化地對峙：「是這樣嗎？」、「其實，我是這麼想～～」；不妨學習先接受，試著去相信比起自己的想法與意識，也許對方的見解才正確，這是必備的基本。

一旦過度束縛自身，就無法做到這個基本。比起「什麼樣的意見」，更在意「這是誰的意見」，也會容易導致過度自我的看法。

如果一直抱持以自我為中心，便會想讓自己佔上風，也就無法坦率地說出「好厲害喔」、「這看法不錯呢」或是「謝謝」。

坦率的人即使上了年紀，依舊保持謙虛。雖然自己比較年長、立場較為優勢，或是財富傲人，也不會讓別人感到高高在上。

因為任誰都不是單憑一己之力走到今天，還有來自他人的幫助、支持與信賴。也有來自環境的恩惠、命運的邂逅等等力量。因此，坦率的人明白自己今後還有很多事情要學習，才能維持這樣坦率的心。

但有一點必須注意，那就是坦率有時讓人感到痛苦。若把坦率誤會成抹消自我，便會成為痛苦的來源。

坦率的人與周遭的關係親密，較易於接受他人的各種意見。自然地拉近彼此的距離，也就容易依賴別人。
任誰都喜歡坦率的人，想和坦率的人當朋友，一起學習成長。
縱使接受別人出於好意的建議，也不要抹滅自我的想法。
和他人保持友善的距離，守住自己的立場很重要。

笑容 世上最美麗的東西

只要常保笑容，每天都能確實前行。我是這麼想的。
二十幾歲的我，為了得到別人的認同，每天很努力地向社會推銷自己。

初入社會時，自己沒什麼值得誇耀的本事，於是，總想著該怎麼做才能得到他人的認同。

對社會新鮮人來說，身處的環境幾乎和自己想像的不一樣，感覺好像什麼都能做，卻又好像什麼也都不會。

本來想將自己發想的點子化為商機，由於缺乏足夠的知識與經驗，於是被問道：「你有什麼才能？」卻根本答不出來，能說出口的只有這麼一句「我會努力」。無法證明自己的實力，也抓不到任何契機。

在那段什麼都沒有的時光，推著我往前的動力就是笑容。而這就是我的原點。

遇到人時，我都會面帶笑容地打招呼，遇到不明白的事情時，也會微笑地虛心向對方請教。總之，只要與人打照面，我一定會面帶笑容，因為笑容的根基便是發自內心的喜悅與感謝。

藉此拉近人與人之間的距離，產生良好互動，增加必備知識，累積各種經驗。在那段什麼都沒有的時光，我的工作拜笑容之賜逐漸步上正軌。直到今日，我還是很重視面帶笑容一事，也提醒自己不忘初心。

雖說如此，總是面帶笑容並非易事。一旦遇到麻煩，難免會眉頭深鎖；發生悲傷難過的事，情緒也會受到影響。

然而，每天面帶愁容的度日，也很難掙脫困境。任誰都不想和這樣的人打交道，人際關係也就愈來愈疏離。

當我遇到有人因工作不順遂而煩惱時，便會詢問他：「你沒有忘記面帶微笑吧？」因為笑容是改變困境最簡單的方法。

聽說吉卜力工作室的製作人鈴木敏夫先生，每次寫電子郵件時，最後都會加個「（笑）」。我覺得這種作法真不錯。

收到客戶寄來的電子郵件時，由於不曉得內容，心情難免會緊張。尤其是收到像鈴木先生如此赫赫有名的長輩寄來的電子郵件。

鈴木先生的一個點子便能輕鬆化解緊張，光是看到「（笑）」就會浮現鈴木先生的笑容。就這樣被拯救了，不是嗎？

我自己也有過許多被他人的笑容拯救的經驗。無論是困惑、緊張、大失敗時，只要看到別人的笑容便很安心，情緒舒緩不少。笑容就是這麼值得好好珍惜的寶物。

笑容可以感動人心。

用笑容來溝通，能讓別人一下子記住你，願意聽你說話。所以想和他人構築更好的關係時，先露出笑容就對了。表達你的開心與感謝。不需要任何技術，卻比任何方法都來得有效。笑容能帶來無窮力量，堪稱人生的萬用藥。

打招呼

看似簡單，其實很難

走在人生的道路上，打招呼能帶來好幾百、好幾千的好事。換言之，打招呼是遇到好事的入口。

比方說，和鄰居擦身而過時，點頭說聲：「早啊！」即可傳遞「我認同你的存在」這樣的訊息，對方也會因為你的一句招呼而感到心情愉快。同時也傳達了「我不是什麼可疑人士」的資訊。

打招呼對任何人來說，都是傳遞積極訊息，也是守護自身的鎧甲。

搭乘電梯時，光是向在電梯裡的人說一句：「你好」、「打擾了」，便能舒緩氣氛，也表達尊重對方的心意。

出乎意料的是，很少有人養成打招呼的習慣。

如同有人總是面向電腦說「早安」，卻不看著對方打招呼，這種行為會讓人覺得自己不被尊重。

雖說如此，站起來大聲打招呼也不妥。畢竟裝裝樣子，實在缺乏誠意。

足見打招呼是看似簡單，卻很難拿捏的事。

即便每天、同一個時間，向同一個人打招呼，也要懂得察言觀色才行。對方今天的精神如何？是不是很疲累？心情還好嗎？依據情況調整打招呼的音調與表情。時機也很重要，一句語帶關懷的招呼就能提升彼此的信賴感。

如我所知，人品一流的人都很重視打招呼。或許有人會詫異地反問：「是喔？」僅僅只是看著對方的雙眼，真誠地打招呼就能令人留下好印象。

不過，也不是任何時候都必須打招呼。

例如大型集會時，便不必一一打招呼。刻意打招呼，反而讓人覺得缺乏誠意。

平常的招呼才重要。

「早安」、「辛苦了」、「慢走」、「先走一步」、「開動了」、「多謝款待」、「謝謝」。

招呼拿捏得宜的人，不僅能建立良好的人際關係，也能贏得大家的信賴。然而，面對家人、同事、朋友或是時常打照面的人，該怎麼打招呼最適宜呢？

我覺得有一點很重要，那就是盡量比對方先行動。職場上，基本上都是年輕後輩主動向前輩打招呼。隨著年紀漸長，自己也會成為別人主動打招呼的對象，當下別忘了出聲回應。

我總不時提醒自己要先打招呼。儘管對方的年紀比我小，我還是會主動出聲，以傳達「我認同你的存在」、「我很重視你」的心意。

之所以這麼做是有理由的。

從年輕到現在，我尊敬的長輩們都會比我先出聲打招呼，而且是以非常自然的態度。光是這樣就讓我嘗到被認同的喜悅感，也感受到他們的好人品。

他們應該到現在也還保持主動打招呼的習慣吧。即使上了年紀也不改此習慣，表示他們的打招呼方式，不會帶給對方壓力。

我覺得打招呼能體現這個人的一切。

若想要獲得他人的認同，那就拋開年齡、立場等等束縛，主動出聲打招呼吧。向對方傳遞「認同你」的訊息。自己想要得到認同，必須先認同對方。

樂在其中

不要當個評論家

你是否感到煩心事愈來愈多呢？未來、工作、健康、家庭、財務、環境，以及政治等等事情。每次看新聞都會思考「現況持續下去，真的沒問題嗎？」而擔心不已。

每次事情發生，總有人分析、批評。在觀察與傾聽的過程中，不知不覺自己好像也成了評論家。

面對任何事都無法純粹感受樂趣、盡情享受，總覺得那個不行、這個不夠。一味批判與分析也是相當累人的事。

觀賞電影時，總覺得腳本不好，或演員的表現太爛，只著眼於缺點；

參與活動時，則習慣性消極看待、批評事物，難以樂在其中。心若不開朗，任何事物都會累積成自身的壓力。

有些評論家缺乏能讓心變得更柔軟的東西，那就是「幽默」。其實用不著分析，也不必思考意義，只要覺得有趣，沉浸其中就行了。好比看漫畫時，哈哈大笑就覺得好放鬆。

老派如我總會買兩份報紙、三本週刊雜誌來看，為了想知道這個世界發生了什麼事。新聞就是報導周遭剛發生的事，所以透過新聞肯定能有新發現、新趣意。

我們不是評論家，不必針對每件事品頭論足。只要把世間的事情視為獨特的人倫劇，便會有不同的看法。不必責難，也不必輕視，更不必悲觀以對，只要對事情抱持好奇心就行了。沒錯，好奇心能讓有趣的事變成知識。

雖然難免有需要分析、思考的時候，但，隨時隨地都能樂在其中，是使人生更美好的一大利器。

樂在其中表示對事物感興趣，帶來許多活用於生活與工作的智慧。

互助合作

世界不會捨棄你

我認為這世界是人類和自然界合作的結果。

醫療的誕生與發展讓人們可以彼此互助，科學和文化也是如此。汽車的發明是源於今後的地球有此需要，所以持續研發；音樂和繪畫之類的藝術則是源於能使人心喜悅，所以持續發展。

無論是過去還是現在，我們透過一切活動，學習該如何互助合作。某種層面來說，人生就是為此而活的，不是嗎？

我總是告訴自己要「幫助有困難的人」，關懷世間。

不管是讀報、上網、散步，還是購物時，我都會尋找自己能做的事。若有人需要幫助，就能立即伸出援手。

無論是鄰居、同事、認識的人或是不認識的人都一樣。我認為自己的時間與金錢，都是為了幫助他人而存在。

因此，當我遇到困境時，也希望有人能伸出援手。

年輕時周遊各國，遭遇過無數險境，但總是有人在千鈞一髮之際幫助了我。那時的我沒有主動求救，應該說，孤獨到無法想像有人會伸出援手。但，不知為何，總會出現救世主。

我不會像「白鶴報恩」一樣回報恩情，而是向素昧平生之人提供援助。

這個社會絕對不會捨棄認真面對事物，努力經營自我人生的人，我對此深信不疑。

我詢問克服許多困難的人是如何撐過來的？得到的答案幾乎都是「碰巧有人願意幫助我」。

如果沒有人願意伸出援手，代表互助合作的力量還很弱。也許是別人感受到你的心機，也可能是你不想幫助別人的緣故。倘若真的用盡方法仍然無解的話，就只能相信自己，毫不放棄，繼續努力。因為自己絕對不能放棄自己。

「我才不信這種事」、「只是自我安慰罷了」或許有人會這樣嗤之以鼻，但我認為「互助合作」是世間法則。

如果有人遇到困難，周遭的人一定會幫助他。可能是碰巧路過的人，也可能是老朋友，又或許是客戶，說不定是素昧平生的人。

很多事情都是這樣解決的。假使有人得不到援助，那就「碰巧」向他伸出援手吧。「是誰」並不重要，而是有一股無形力量驅使著我們這麼做。

我主張的互助合作並不侷限於社會的小框架，而是存在於宇宙的大結構之中。

我們都身處在合作的架構裡，所以，無論何時，看到需要幫助的人請不吝相助吧。

CHAPTER
2

人際關係的「時常」

請問松浦先生

我可能是別人眼中的討厭鬼，怎麼辦？

「不可能被所有人討厭囉。」

保持良好人際關係的要點，就是距離感。我認為即便是家人，也很難完全理解對方，溝通時要以此作為前提。無論和對方的關係再親密，也不可能全盤瞭解對方。人類不是能輕易被了解的生物，正因為難以理解，我們才更需要發揮想像力，擁有一顆體貼的心。

試圖瞭解一切的結果，往往適得其反，勢必會產生摩擦。不能因為不瞭解對方，就無謂地介入他人的生活。

人們會以話語、行為，有時加上表情和態度，來表達愛意與情感。但不能以此支配對方，也不能試圖操控對方。

人與人之間保持適度的距離，才能良性互動。但，不是消極的對應，而是由衷尊重對方，信賴對方。尊重與信賴是保持良好人際關係的智慧。

關係親近、感情再好，也要有禮。縱使是最要好的朋友或夫婦，也不能親暱生侮慢。

人生在世，最多的煩惱就是人際關係。由於無法凡事都照著自己所想的進行，所以才要向別人學習，透過人與人之間的交流來成長。

因此，重視人際關係可是左右人生的大事。

尊敬

比起親密，尊敬的心更重要

與人交談時都說敬語吧。不管對方年紀比自己小，還是熟人。我稱呼對方的名字時，一定會加上「先生／小姐」。因為尊敬對方，即便對方小我好幾歲，但我仍如此稱呼。

也許有人會覺得這樣做太過拘謹，但很多時候不是以年齡來決定上下關係。我不在意立場和年齡的差異，單純視對方為一個獨立個體而與之往來。因此，隨時都要抱持敬意對待所有人，是人際關係的基本原則。

當然，每個人都是獨立的個體，有優點也有缺點。畢竟只要是人都難以達到十全十美，我們不該因對方的優缺點而輕易改變態度。

「他真好，願意聽我說。」

「他會誇獎我。」

「他知道很多事情，所以和他在一起很開心。」

千萬不要抱著對方能夠給予什麼而與人交往，人際之間的來往應該更豐富有趣。

在日本，稱呼方式有很多種。

例如，上司不叫部屬的名字，只單純叫姓氏，是很理所當然的事，也算是一種職場文化。

我知道這麼做並無惡意，但我對於這種關係有所質疑，好像少了一點尊敬對方的心意。

也許有人覺得這樣稱呼對方比較親密，但我認為社長稱呼新進員工時，加上「先生／小姐」較為妥當。

只有一方懷抱敬意是不行的。

一旦和對方變得親近，關係較為熟稔時，稱呼方式也會跟著改變。起初是稱呼「先生／小姐」，不知不覺變成「君」*，再來是連名字都不說了。尤其當事人不在場時，更是容易連名字都省略。

這種稱呼方式不僅表示關係親密，卻也帶有輕蔑對方的意思和優越感；即「我們是感情很好的伙伴喔」，連帶透露出「我在你之上」的訊息。這樣的心態應該會被時代慢慢淘汰吧。

每天生活在一起的伙伴，也有不稱呼彼此名字的時候。但我覺得「喂」、「我說你啊」之類的招呼語相當失禮。因為人與人之間發生的各種問題，往往都是從不起眼的小事開始。

---

* 日文中，是一種親暱的叫法。主要用於對男生的稱呼。尤其是稱呼男同學或男性同輩、晚輩時使用。

約定

每天一個約定吧！

即便是小小的約定也不能忘記。

人際關係最有價值的東西為信用。那麼，信用該如何建立呢？

就是遵守約定，並且一直保持下去。

約定不僅是口頭上的承諾，也有無言的默契。例如，即便沒有明講這件事不能說出去，但依自己的判斷是要保密的事；亦即有不少是因為顧慮對方的心情而產生的約定。

不管是生活還是工作，遵守約定的人能夠贏得對方的信賴。

有時我們會輕易地給予口頭上的承諾，比方說「下次再聯絡」、「下次見面時再拿給你」等等，結果卻忘記了。

儘管是微不足道的事，約定的當下，對方便會很在意。要是過了許久都沒實現約定的話，一定會失信。相反的，遵守約定能和別人構築更深的信賴關係。

因此，約定無分大小都要遵守。

當然不能和別人約定無法做到的事，但也無須害怕與人約定。只要雙方溝通清楚，對方欣然接受的話，就會當場約定。光憑這一點，也代表和對方建構了更進一步的關係。

積極地和別人約定吧。約定可以幫助自己製造最好的機會，不僅能贏得別人的信賴，也能加深彼此的關係。

對某些人而言，約定是一種負擔。為了不想被束縛，縱使被誤會為不想構築人際關係，也是無可奈何的事。但，若能不斷地去與人約定，往往是最有價值的事。

相互學習

交換美好的禮物

無論朋友、工作夥伴，還是夫婦之間，相互學習是最能長久維繫彼此關係的方法。

體驗自身從未經驗過的、明白自己所不知道的，與想法完全相異的人談話，是一件刺激又有趣的事。

不但能學習到新事物，還會有新發現。

對方的感受也是如此。不只自己受到刺激，聊些對方也感興趣的事，更能加深彼此的關係。

見面便會有新發現，增進知識，拓展興趣。相互學習就是良性互動與交流的關係。

想要相互學習，必須先了解對方的興趣，說出相關內容才能讓對方好奇。好比對方現在最需要什麼？最想知道什麼？

一邊想像這樣的事，一邊想著下次要聊的話題。再次閱讀一本書，做好準備，整理旅行時拍的照片，都是快樂的事。所謂相互學習，就是相互給予。

曾經有過這麼一件事。

因為聽到某位朋友說：「喜歡古典音樂。」因此，想說下次碰面時，可以和他聊聊某位鋼琴家，沒想到他卻回覆：「我不太聽鋼琴演奏。」於是這個話題便無法繼續下去。原來他喜歡聽小提琴演奏，那天我聽他分享了很多關於小提琴演奏家的事。

沒想到再次碰面時，朋友說：「我聽了松浦先生提及的那位鋼琴家的演奏，真的很不錯呢！再推薦我一些不錯的演奏家吧！」他主動這麼說。

透過一來一往的互動，就能構築更深厚的關係。再也沒有比交換「學習」這個重要的禮物，更令人開心的事了。相互學習沒有利害之爭，也最能維持長久的關係。

原諒

只花三天就解決吧！

只要是人，難免都會有無法原諒他人的時候。

但，無論發生什麼事，都要懷有寬容之心；不論被別人如何對待，都要原諒；告訴自己要努力寬恕，否則將無法前進。

也許無法馬上原諒，那就最多花個三天吧。不管發生什麼事，我都會這麼告訴自己，努力用三天的時間來寬恕對方吧。不是忘記，而是原諒。由於再拖下去實在太浪費時間了。假使一直處在無法原諒對方的狀態，自己的思考不僅會跟著停滯，與對方的關係也會暫時止步。因此，不管對方做了什麼，總之先無條件地原諒吧。

不論面對的是工作還是人際關係，我們往往因無法原諒而煩惱不已。一旦無法乾脆地放下，即便想忘也忘不了，苦惱到夜不成眠。

然而，「絕對無法原諒」、「死也不原諒」的想法隨著時光流逝，只會讓痛苦倍增罷了。

不是午休時突然想到，就是上床睡覺時憤恨難平。如此一來，身心都無法好好休息，而且受苦的不是別人，是自己。無法原諒的情感，轉換成痛苦的心情，停止思考的結果便是無法前進。

我都是這麼整理自己的心情。

所有事物總會有理由。為何發生這件事？那個人為什麼這麼做？這些事情無法立即有解答，有時還是事後聽聞才能明白。原來當時的心情是如此啊！原來狀況是這樣子啊！自我成長的同時，也逐漸理解一些事情。

要是當下無法明白，就告訴自己：「一定有什麼理由吧。」只要想著必定有所原因，也許不到三天便能原諒對方。畢竟誰無過錯，要是換個立場，搞不好自己也會這麼做。

也會發生自己決定原諒，對方卻不肯原諒的情形，源於對方不認為自身有錯。

「明明我都決定放下了，他居然還擺出那種態度。」雖然這種情形真的讓人生氣，但一味爭執下去，只是兩敗俱傷罷了。

「原諒」一詞，不是拘泥於對方的態度，而是不要執著於對方的態度。唯有將心中的不愉快，毫無猶豫地丟進垃圾桶，心情方能重開機，爽快地移動到下一個人生舞臺。

當再次遇到對方，自己還是能以平常心對待。由於一切已成過眼雲煙，早就是可有可無的事了。

不論情侶還是好友，也總會面臨關係突然終止的時候。縱使自己無法理解，對方還是堅決斷絕往來。再怎麼傷心哭泣，也無法挽回這段關係。這時，該選擇背負著難以承受的悲傷，還是痛苦三天，告訴自己：

「好，我明白了。」

為何能說出「我明白了」這句話呢？那是因為對方的決定，應該有著自己不知道的理由，如果讓自己一直身處於這種狀況，說不定遲早被自己的「自以為是」所背叛吧。

從未被誰背叛的人，僅僅是碰巧沒發生而已。可以說是幸運之人。

基本上，不會有人打從一開始就想要背叛，畢竟人生難免有不得已而背叛的時刻。

因此，往往不是存心背叛，而是在這背後有段故事，就像是有「某個理由」一樣。

無法原諒的心情只持續三天，三天後就爽快原諒，才能換得一身輕鬆。

恰到好處

不會太近，也不會太遠

我有位結識三十年的好友，不僅有深厚交情，也很清楚彼此的狀況。直到現在與我交談時，他還是會使用敬語，這一點讓周遭的人十分驚訝。我想，就是因為使用敬語，維持這恰到好處的距離，友誼才能持續三十年吧。不過我們在一起時，也不糾結於該怎麼使用敬語才對，所以相處起來一直很舒服。

如同我前面所說，人際關係的基本，在於保持不會太近，也不會太遠的距離。

即使交情再好，也不行貼得太近。保持能聽到彼此的說話聲，對方能馬上回應的「恰到好處」距離就對了。

儘管彼此之間保持適當的距離，還是會有互動不佳的時候。明明是可以馬上回應的距離，卻遲遲得不到對方的回覆。正因為感情好，難免也會有親暱生侮慢的時候。

切勿讓對方感到孤立無援，這點很重要。當對方想要做什麼時，試著站在他的立場，思考能幫上什麼忙。這是維繫友誼長久的不二法門。

雖說如此，但也不能靠得太近。

人與人之間有時會變得很親近，也會因為某些事，促使彼此漸行漸遠。

好比認識的人發生事情時，大多出於好奇，會想詢問、表示關心。但好奇心反而引發了影響雙方關係的無謂麻煩。

最理想的關係，是隨時都能分道揚鑣，卻有著不想就此疏離的心情。相反的，「若你不在身邊，我便活不下去」這樣的關係只會折磨彼此。雖然這個例子有點極端，但我認為夫婦間的關係也隨時都能分道揚鑣。雙方自立，互不依賴，卻又同時擁有不想分開的心情。然而，天下無不散的筵席，未來會有一方先行去了另一個世界，不可能永遠在一起。「雖然隨時都能分開，但不想分開，所以我們在一起。」這就是最理想的關係。

年輕時總喜歡愛得死去活來，告訴對方「一輩子都想和你在一起」。對於兩人來說，是多麼幸福的瞬間。

沒想到交往一陣子，卻發現似乎和自己想像不太一樣，而重新審視彼此的關係。

人與人之間保持剛剛好的距離，維持一段不會干涉對方的良好關係，才是最重要的，是吧？

CHAPTER 3

愛的「時常」

請問松浦先生

爲什麼一定要
愛別人呢？

「一定會有個讓
你愛他一切的
人。」

對日本人而言，「愛」一詞聽起來很悅耳，卻沒什麼共鳴。我也不習慣一天說好幾次「我愛你」。

要想理解「愛」的本質，並不是一件容易的事。但我們都知道「愛」有多重要。

我對於「愛」的解釋比較接近「體貼」。就像是「我會盡可能體貼地對待你」，並且能以自信的方式傳達給對方。

而體貼就是貼近對方的心。無論做什麼都不求回報，關心對方的心情；即同悲同苦。同悲同苦這詞彙，乍看之下有點違和感，其實仔細想想，則是最能表現體貼的字詞。

那麼，每天該如何和自己喜愛的人相處呢？

彼此往來自在，相互體貼，適時依賴對方，也適時接受對方的依賴。

構築這種關係是需要時間的，有時花了很多時間也不見得有成效。

重要的是，每天累積一點點體貼的心意。

如此一來，就能學習到什麼是「愛」。

互助而生

難道不會被剝奪自由嗎？

互助而生的意思是——相互支持，活出自己。

自身的欲望與情感不被對方左右，也不要讓對方覺得和自己在一起時，無法隨心所欲，而變得不自由了，使得各自扮演的角色過於僵化。

尊重對方的自由，也重視自己的自由。唯有彼此自由，才能無拘束地互助而生。若是牴觸到彼此的自由，就必須好好溝通。

「即使說了也不會明白」、「反正我忍耐就是了」，千萬別將放棄與體貼混為一談。透過良好的溝通，便能有效地傳達雙方的愛。

體貼不是單方面的付出，而是相互給予。當然必須適時地禮讓，否則一旦失衡，兩個人的摩擦越來越多，導致遲遲無法前行，這麼一來，就不能說是互助而生了。

無論何時，都要彼此體諒。思考對方是否有著充分自由，也是互助而生的基本。

關注

絕對是最優先的事

透過關注，可以理解對方想傳達的訊息，明瞭對方所處的狀態，避免因無視而造成遺憾。

關注絕對是最優先的事，也是最該珍惜的心意。

「愛」的反面是漠不關心。

有時候，在一起的時間太長了，並非不愛對方，而是變得比較不關心對方。因此，很多事都會當作沒看到，也少了體貼的心，無法察覺身旁那個人的不對勁。即使就在身邊，心卻飄向遠方。

關注並非監視，必須尊重對方，給予對方充分的自由。

關注不是觀望，一旦發生事情，要能適時伸出援手。

關注對方，才能留意各種細節。對方擅長的事、深感棘手的事；對方的優點、缺點、矛盾之處。

世上沒有十全十美的人，你我都是不完美的人。

接受對方的一切，並且溫柔地關注。關注對方就能理解對方，所以關注絕對是最優先的事。

支持

有種幸福稱爲「安心」

「支持」如同字面上的意思——它代表無論發生什麼事，是否真的能打從心底給予協助呢？

這樣的舉動不僅能帶給對方安心感，也有助於對方以愉快的心面對人生的挑戰。

時常守護對方，鼓勵對方。當對方疲累時，提醒他要好好休息；當對方煩惱時，適時關懷、傾聽苦惱。

每個人都有自己的路要走。不要強迫別人接受你的想法，不要過度干涉他人的人生。請時常省思自己是否造成別人的重擔？是否以自我的想法束縛對方？

有時你想為對方做些什麼的念頭，反而成了他的負擔。

不管發生任何事也都會一直支持著對方，就是一劑最強的強心針。支持，能孕育出名為「安心」的幸福。

溝通　不管是好事還是壞事，都要攤開來說

人與人一旦變得熟稔，無論是夥伴、同事還是朋友，講話難免會不自覺地省略一些事情。

就算沒有具體說出彼此的行為，也不覺得溝通上有所困擾。

「就算不說，也知道」擁有這樣的默契是件可喜之事。但，過於依賴這般默契，不知不覺便會認為不用溝通，對方也應該要知道才對。卻沒想到，漸漸會產生疙瘩。老實說，「就算不講，你也知道吧」根本就是一種任性。

由於每天都在變化，若不將內心的想法以言語表達出來，兩人之間便會不自覺地產生一道隔閡。畢竟，只要是人，難免會遇到矛盾的時刻。

雖然不必知道雙方的全部，但可以藉由溝通更新彼此的情報。對方因什麼事而覺得開心？現在又是為了什麼而煩心？是否發生了讓他很不安的事？身體狀況還好嗎？

縱使有些事不用說出口也能傳達，溝通仍有其優點。如同使用社群平台，只用文字交流，很多事都無法確實表達。

例如，明顯地感受到對方心情不好，卻不曉得對方的真實想法，也不清楚對方的狀況。

一旦培養溝通的習慣，即便產生誤會，也能立刻化解。

因此，讓溝通變成一種習慣吧。

不管是分享當天令人開心的事、最近十分在意的事，或者下次休假的計畫，此刻正在擔心什麼都可以，漫不經心的閒聊最令人放鬆。有即使無需交談也很舒服的時光，卻絕對沒有不對話也能很好的關係。

試著打開自己的心房，和對方說話吧。千萬別滔滔不絕，也要傾聽對方的話語。留意對方的感受如何？現在處於什麼狀況？或許會有比較深刻的告白。透過話語溝通，才能前進一步。有人願意接受，就是最好的支持。

能與投契的人坦誠溝通，是最豐富的時光。

在今後社會，公私區別會愈來愈分明。必須懂得根據對方的談話內容，判斷什麼是好事，什麼是不可行的事。

總之，不管溝通的是什麼，都不能只是當作耳邊風，聽過就算了。

同行

配合彼此的步調，一步步攜手邁進

能夠攜手同行是一種幸福。

無論是身為另一半、友人還是夥伴，彼此共同成長、走在人生路上，絕對不是一件容易的事。

人們很容易拋下身邊的人，獨自往前走。因為照著自己的步調，走得比較快。

然而，配合彼此的步伐卻是很重要的事。

儘管世上有許多講求速度與效率的事，但若能與重要的人在一起，不妨試著享受兩人同行的樂趣吧。了解雙方的步調，相互體諒地攜手前行。

有時，繞個遠路也不錯，或許會有出乎意料的新發現。

如果迷路的話，便一起停下腳步思考吧。疲累時，就說：「我想休息。」即使跌倒也不必擔心，會有人伸出援手的。

決定好目的地也行，不決定也無妨，我們只要一步一步共同向前邁進就對了。

有句禪語是「把手共行」，即代表攜手同行。

執起重要之人的手，不時吹著口哨，快樂前行。

CHAPTER 4

變得富足的「時常」

請問松浦先生

什麼是「富足」？

「是指你擁有多少無法用金錢買到的東西。」

一直以來，富足的象徵主要是指物質方面。像是住豪宅、穿名牌衣服、隨時大啖美食，得到想要的東西，認為凡眼睛所看到的體驗才代表富足。

不僅要自我滿足，也要展示給別人看，與他人比較。這樣的心態形成一種快感，促使人們不自覺地想要追求「更多」。

想住更氣派豪華的房子；想穿更昂貴的衣服；想吃更高檔的美食。想要的東西愈來愈多。一旦有了慾望，慾望就會無限膨脹。

任誰年輕時，都會有「好想要、好想要」的毛病。有人無論如何都想獲得自己想要的東西，一旦沒找到「真正的富足」，這種人就會一輩子為「好想要、好想要」的毛病所苦。

我們身處於一個持續有嶄新的、更好、更方便，以及更高效能的事物出現的競爭世界。但，或許源自反抗心態吧，有越來越多的人開始審視自己追求豐富物質的方式。
比誰都先拿到，比誰都先使用，讓人不禁懷疑這算是真正的富足嗎？
其實，對待身邊事物的方式，都與自己的心情有關。如同整理東西時，會有一種連心都整理過的感受。因此，如何看待事物，總是和自己當時的心境息息相關。

一無所有　沒有任何屬於自己的東西

我認為，富足就是一無所有。

人活著，其實不需要那麼多的東西。

可是，我們的身邊卻充斥著各種物品。

得手時，喜悅僅僅一瞬間，或許還因擁有而萌生苦痛。當出現了更好的東西時，便會覺得自己擁有的不再那麼出色；看到別人持有很棒的東西，則會認為什麼都沒有的自己很可悲。這一切的源頭，便是稱為「所有」的欲望而衍生出來的壓力。

我有個建議，為何不說「世上的所有東西絕對不屬於自己」呢？

就算花的是自己的錢，也試著思考這筆支出的出處吧。換言之，我們根本沒有擁有什麼，縱使擁有也不算擁有。

更明確地來說，我認為所有事物都是我們向世間借來的，因此還伴隨著責任。由於只是暫時借用，所以我們理當好好使用與維護。

好比買了一幅名畫，為了擁有畫作，必須擔負起應當的責任。首先，一定要有適合珍藏名畫的環境、濕度，以及光線等等條件。一想到有諸多細節得注意，不如交給專門業者代管，或是寄贈美術館還比較輕鬆。

擁有名畫的人需要明白一件事，那就是當你花重金買下它，你應當負起責任，精心保管，使其流傳至下個時代。

「反正是我的東西，要怎麼使用是我的自由吧。」抱持這種想法的人，肯定無法體會到富足。

珍惜身邊的事物讓我覺得人生很富裕，這已然成為我的生存之道。

我將自己很喜愛的一把古典吉他送給別人。雖然是我花了很久才找到的貴重物品，但考慮到那人對吉他的熱愛程度更勝於我，因而認為把吉他交給他更能發揮價值。因此，便毫不猶豫地讓給了他。這把吉他只因與我有緣，而來到我身邊，但它原本就是我向世間借來的東西。如同人與人之間的相遇與離別，物品也是如此。拋開「所有」的意識便不會執著，也不會被事物所束縛。

真正的富足在於對物品不固執，讓自己的心得以自由。

許多富裕的企業家實際生活得很儉樸，源自於他們追求的不是物質上的享受。儘管他們能輕易擁有想要的，卻選擇不這麼做。或許是他們理解「所有」一事，不帶來意義吧。

我想，富足並非取決於擁有什麼，而在於生活的方式。過上充實多采的生活，才是富足的本質。

因此，「所有」是煩惱的根源，只要意識到一切都不是屬於自己，就能擺脫追求物質享受的執著。

吟味

體現感謝的心意

吟味，是對待物品最重要的態度。

好不容易得到一直想要的東西，等終於到手了，卻往往置之不理。相信許多人都有過這樣的經驗吧。

明明買了東西卻未使用，明明買了書卻未閱讀，明明買了衣服卻未穿，也有人買了車卻一直閒置，一次也未啟動。

僅因購買、得手就感到滿足，這樣的情況屢見不鮮。
而且很多東西雖是用了，卻沒被充分使用。分明能用於各種場合，卻沒拿出來。即使是多功能，卻彷彿只有單一功能。

如同手錶。上班時，佩戴造型簡約的金屬錶帶款；休假時，佩戴休閒風手錶；因應特別日子，則佩戴名貴手錶，以及潛水用的防水手錶等等。有人擁有數只手錶。
如果每只都很喜愛，也能善加利用的話就沒問題。怕的是基於「限定款」、「打折很便宜」、「真皮錶帶」等等理由而購入。結果愈買愈多，反而無法好好吟味每一只手錶。

所以購買之前，得先思考自身是否真的需要。
也許這麼做，便會察覺自己只是純粹想買而已。

以書為例，我在購書前，都會想想自己是否有足夠的時間來閱讀。我一直有睡前閱讀的習慣，但最近眼睛容易疲勞，再加上工作繁忙，晚上實在難以看書。因此，我總告訴自己一定要挪出時間閱讀才行。經過這一番的思考，我知道自己沒有多餘的心力與眼力來讀太多本書。

其實，有不少人根本沒時間閱讀，卻一直買書。同樣的情形也適用於買鞋子、買衣服。購入之後，卻沒機會穿出門。

充分吟味而入手，是對待物品的一種心意，也是對於物品的感謝之情。愛惜使用，吟味物品的優點是令人喜悅的事。因此，請養成充分吟味的好習慣，這不正是一種富足嗎？

花心思

試著享受讓自己傷腦筋的事吧！

想那麼做、想這麼做，解決日常問題的工具與服務不斷推陳出新，生活確實變得更加便利了，彷彿所有事物都能迅速且順利地進行。

即便發生新的問題，各種商業服務都能夠馬上解決，也導致個人發揮創意解決問題的機會相對減少。

專心做好準備，費心調查，或是找人諮詢，只要這麼做，應該就能設法解決問題。

無論是面試需要注意的事項，還是選擇符合體質的保健食品，如今AI都能幫忙回答。

但，對你而言，那就是最好的方式嗎？是否許多人就這樣被滿足了呢？縱使是一些瑣事，只要不斷累積判斷力，便會深深影響人生。

我開始從事書店產業時，一直在思考怎麼做才能賣出更多的書。為此，要進何種書籍？要如何陳列這些書？要如何接待客人？要提供客人何種體驗？

經過無數次失敗後，我學到了，就是要活化商業模式。

現在只要用手機上網搜尋，便可以立即找到許多商業方法論。如果再加上關鍵字「一個人創業」、「書店經營」搜尋的話，便能很快找到自己想要的「類似答案的資訊」。

但充其量只是獲得「很像答案的資訊」罷了。儘管可以作為學習的契機，卻是任誰都能得到的東西。

無論是面對工作或日常生活，真正的花心思，是指面對當下發生的事，找到最適切的處理方法，也是屬於自己的發明與發現。

超商的創立，源自於解決夜歸之人的困擾而發想出來的。工作到很晚才回家，卻沒有店家還開著，可以購買生活必需品。有了超商之後，即使工作晚歸，也能買便當回家吃，只是不確定這是否為最好的方法。只要費點心思，就可以製作不必花太多錢，又吃得美味健康的料理。

在遇到麻煩或百思不解的時刻，任何人都會陷入瞬間停止思考的情境，但又必須迅速想辦法解決，這時大腦可是會比平常轉得更快。面臨危機的當下，腎上腺素激增，肌肉的運作率也會大幅提升。此時，往往能想起並活用平常難以記住的過往經驗與知識。

然後，自身的想法、各種經驗便能確實地儲存在自己的腦中，烙印下順利完成的成功經驗。

畢竟，花心思必須耗費時間，因而就會傾向多數人認同的「答案」，既方便又有效率。但，自己動腦思考，鼓起勇氣找人商量，這種解決事情的價值是無法衡量的。可以收穫多種喜悅，像是用自己的方式知道的喜悅、學習的喜悅，還有提高自信等附加價值。

所以，首先，自己動腦思考吧。

不願花費心思，依賴現成的東西，就會錯失學習珍貴體驗的機會，真的很可惜。

愛惜物品的心

只要東西還能用，就一直用吧

我已經忘記自己有多久沒買東西了。當然還是會購入食物、消耗品，但衣服、配件之類的物品幾乎沒再買了。只記得半年前添購了一雙打折後很划算的慢跑鞋。總之，現在的我只買真正需要的東西。

只擁有必要的物品，這樣就已足夠。

一旦物品增多，便會涉及到做出選擇的情境。像是面對好幾雙鞋子時，便會思考：「今天要穿哪一雙呢？」無形中也是一種壓力。

只要東西還能用，就一直用吧。

我們周遭總是鼓吹「購物最快樂」，彷彿整個世界變成一個刺激欲望的裝置，迫使我們必須與欲望戰鬥。那身處在其中的我們該如何應對，也是一門重要的課題。

我不買東西，不是因為否定新事物。

新事物有很多地方值得學習，所以就當作一種情報來瞭解。不過，購物則另當別論，只要覺得自己手邊的物品夠用，就沒必要多買。

不少人都有喜新厭舊的毛病，總認為新的就代表是好的。

我對於自己喜歡的、很在意的東西，絕不會厭倦。因為我覺得「這樣就足夠」，或許這樣的心情也讓我感受人生是豐富多彩的。

當然，我也會關注新事物。

「這是什麼商品呢？」雖然對它很感興趣，卻選擇不購買，因為我預測馬上又會推出新產品了。

對於每次推出的物品感到興趣，還沒用完即購入新品的人，無疑是「新東西的信徒」。

新東西真的那麼好，而舊東西就相對那麼不堪用嗎？明明昨天還很開心地使用，一旦新商品推出，馬上就喜新厭舊，我覺得這樣很奇怪。

現在我手邊的東西，都是用了多年的愛用品，是它們充實且豐富了我的人生。

分享

瞭解對方，往往能成爲信賴

想要孕育豐富的人生，不僅侷限於物質方面，今後人與人之間的連結、聯繫更顯重要。

如同「分享」一事。

不管是工作或日常生活，當有人說：「那件事如何了？」往往會讓我迅速回神，提醒自己是否有所疏漏。

一旦熱衷於某事，便忘了其他事情，應該不只我有這種狀況吧。

因此，要盡量在別人提問之前主動說明。無論是快樂的、悲傷的、還是痛苦的事，藉由與他人分享，讓彼此安心。

例如，喜歡釣魚的我決定週末獨自去釣魚，於是和同伴聊起自己要去的場所、要帶的裝備，以及可能會釣到的魚。

透過分享，讓對方知道你正在做的事，瞭解你的心情，回來後也能分享心得。

養成這樣的習慣後，對方也會自然而然地問：「今天如何啊？」、「下次要去哪裡釣魚？」一起感受到你的喜悅。

同樣的，也不要一個人煩惱。苦嘗失敗後，試著與別人分享吧。有時向人啟齒自身的苦惱並非易事，但若有人能願意傾聽，那實在是太好的事了。在分享的過程中，自己也可以順便整理心緒。

能夠坦然與人分享，是件令人開心的事。

工作也是。在能力所及的範圍內交流情報，分享當下情況。

「他最近好像很忙，到底在忙什麼啊？」與其讓人猜測，不如讓人覺得：「真的很辛苦，可是做得很好呢！」更能贏得信賴感。分享的同時，說不定還可以獲得意想不到的靈感，或是得到幫助。

分享，就是這麼能孕育豐富的人際關係。

CHAPTER 5

生活的「時常」

請問松浦先生

度日與生活，兩者有什麼不同？

「只要肯多花一些心思，增添樂趣，這樣就是生活。」

我認為，今後比起學經歷與年紀，更看重個人的生活品味。

對於那些大學畢業、成為職場新鮮人，想要工作到退休的人來說，學歷與職銜很重要。

但在未來，終身雇用制會愈來愈少，重視個人能力，一切不再以組織為重，跳槽轉職日漸頻繁，從事自由業的人也會越來越多。

因此，人們看重的不單是工作能力，身處在各種情報迅速流通的社會，個人的生活品味也會受到關注。

職銜不再是「評價」一個人的唯一依據。

舉凡吃、穿、住、玩樂，在這個選項愈來愈多的時代，當你選擇了什麼，也會呈現出此人想過著「什麼樣的生活」。

同樣也會反映在「人格」上，不是嗎？我們透過生活所傳遞出的個人訊息，就會成為是否能被信賴的依據。
擁有自我風格，從容自在生活的人，越能得到他人的信賴。

一直以來，社會默許了為工作犧牲生活也沒關係，但這種觀念，今後無論如何都必須捨棄。
因為這是不符合時代的工作方式。

思考自己今後想過著「什麼樣的生活」，該怎麼做才能實現？
由於沒有範本可以參考，不能只在心裡描繪，而是要將想法化為言語，使其成為人生的重要概念。

飲食
最能展現你的生活方式

飲食，是連結未來重要的基本。

我一直都很重視飲食與料理。
基本上，每天都會自炊，享受一天中最快樂的時光。
不過，可能是上了年紀的緣故，現在的食量比以前少。
畢竟消化也需要體力，吃完後，胃脹氣便會睡不好，吃多了，也會感到疲累。
所以我幾乎不會吃到太飽，總是提醒自己大約七分飽就好。

對我來說，體重控管十分重要。吃太多，只會增加重量；吃太少，也會沒精神。為了保持一定的體重，只吃足必要的份量。我也曾被說過：「你吃太少了。」其實我不是在節制，而是透過反覆測試，找到最適合自己的飲食方式。

關於飲食一事，真的是見仁見智。「只要能吃飽，怎麼吃都行」、「想進食的時候，吃自己想吃的東西最開心」，每個人的看法和感受都不太一樣。

雖然自己覺得舒服愉快、沒有壓力很重要，但嘗試改變飲食方法、份量、用餐時間，也能找到吃得更舒服愉快的方式。

我試了各種飲食方法，發現最佳解答是一天只吃兩餐，分別為早餐和晚餐，午餐吃個三明治或餅乾就行了。

早餐固定在六點，晚餐則是下午五點。上班族很難在下午五點就吃晚餐，因此並不推薦我的方法。
其實，最重要的是每天固定時段吃飯。

我不認為空腹很痛苦。原則上，我一直保持這個狀態，可以讓身體休息，好好消化吃進去的東西，這樣身體也會感到很舒服。
我不吃點心和消夜。有些人感到肚子餓了就想吃東西，但我不會。
由於已經養成習慣，並不覺得這麼做是在忍耐。

常聽聞有人一回神，才發現自己吃了很多。
留下剩菜確實不好，因此，我會掌握好份量，這也成為一種習慣。然後提醒自己進食到七分飽即可，而這也是最適合自己的份量。
我更在意的是，好好品嘗料理，並且身體力行。
不過我十分期待晚餐後的點心，那是絕對不能缺少的存在。

羊羹、大紅豆、巧克力、起司蛋糕、水果等，每天品嘗不同的甜點，作為一餐的結束，真的好幸福。享受甜點也是我保持七分飽的理由之一。

我認為，飲食生活最能體現一個人的生存之道。

穿著　不爲服裝煩惱，心情好輕鬆

我幾乎每天都穿一樣的衣服。

服裝是自己向外界發出的情報之一。無論是華麗的服裝還是流行服飾，都能成為訊息。

透過這些，別人可以閱讀關於你的情報。

從某個時刻開始，我認為不必過於注重穿著，因為主角是自己，而不是服裝。

因此，我只穿符合自己風格的衣服，休閒且不失禮節。最喜歡觸感舒服的棉製品，顏色則是以深藍色和灰色居多，每天都是這樣的穿著。

留意TPO（Time時間、Place場所、Occasion場合）也很重要。與人會面時，要思考不失禮的穿搭。

若是刻意打扮，肯定會被對方識破，我就有過這樣的經驗。

與某位經營者見面，為了不失禮，以一身西裝赴約，沒想到對方看到我時，說道：

「松浦先生，你平常不是這身打扮吧。」

被對方一眼看穿，肯定是我看起來不太對勁吧。

這也讓我相信不必刻意，還是做自己最好。

即使早已預料到對方會以正式西裝現身，但我仍然保持一貫的穿著習慣。不僅能讓心情感到輕鬆，也更能展現自我。

時尚潮流瞬息萬變。對於多數現代人而言，追求流行的熱情似乎逐漸淡去。看到穿著引人注目的人，最多只會說「好酷」、「好可愛」，而不再使用「好時髦」。

在這個時代，那些穿著質料佳、低調卻充滿風格的人，才是「時尚」。

「時尚」、「有型」等等詞彙，常用來稱讚一個人的服裝品味，還有這個人的生活樣貌與生存之道。

足見穿衣打扮一事早已融入生活之中。

關於穿著，我會注意兩點：

第一，尺寸是否合身。

第二，清爽感。

我的指標就是別具清爽感又低調的穿著。

居住

打造讓人想早點回去的安心之所

家是最能讓我放鬆的所在，因此，打造舒適的環境很重要。

我最重視的是玄關、廚房、浴室。為了保持乾淨整潔，每天都會好好清掃。只要這些地方清爽了，住起來就會感到十分舒服。

我特別記得童年時，母親擦窗戶的身影，我們家的窗戶總是很明亮，廚房和浴室也很乾淨。而且她每天都會清掃約莫半疊榻榻米大的玄關。雖然我們一家四口住在狹小的公寓裡，只要每天讓家保持潔淨，身心自然也就舒暢。單單這樣的習慣，就能讓家成為一處安心之所。

不妨廣泛地來思考「居住」這件事。

你想住在什麼樣的地方？家的模樣又是什麼？因為這會關係到工作、家人以及財務，是無法全如己願的。但，仍必須仔細思考自己身處在何種環境，才能盡情放鬆。

有人覺得空間寬敞住起來比較舒服；有人覺得空間小一些，住起來才安適。有人喜歡住在熱鬧街區；也有人喜歡住在僻靜之處。

有一定資產身家的人認為，住在保全完善的地方才能安心。對於事業繁忙的人來說，為了放鬆身心，消除工作壓力，更喜歡住在寬闊的地方。

我想強調的是，自身與周遭的關係。

家門一關，就成了自己的世界。雖然讓心得到舒緩，但別忘了門外是還有他人存在的世界。

不能因為待在自己家中，就隨心所欲。好比住在人口稠密的住宅區，還將音量大開恣意彈著吉他、炒菜油煙、烘焙咖啡豆的氣味，半夜洗衣服，發出洗衣機運轉的噪音，或使用吸塵機的聲音等等問題，都會造成他人的困擾。

畢竟，自己的生活還是與他人息息相關。

玩樂 爲了工作而玩樂

每天被生活和工作塞得滿滿的，往往將玩樂一事不斷挪後。一旦感到疲憊，就不想動，只想窩在家裡。

「已經夠累了。玩樂只會讓自己更累。」我能理解很多人會有這種想法。如果可以的話，趁著尚未被疲累籠罩之前，不妨先玩樂吧。

透過玩樂所體驗到的發現與感動，經常會成為一股舒緩身心、創造的原動力。因為無法玩樂而感到內心疲累，結果更難發想出好點子。

不要把玩樂想得很難，我說的不是很特別、花大錢的玩樂；而是讓人感到十分有趣的玩樂，像是熱衷一件事，散步、閱讀、聽音樂，都算是一種玩樂。

擁有「沒有時間玩樂」心情的人，只會讓自己更加疲憊。

週末或假日盡情放鬆、玩樂的人，在迎接Blue Monday時，不僅格外有精神，還有聊不完的話題。當他談起自己去公園野餐、看展覽，自然而然也想加入他的話題。樂於分享自己的發現與感動，不僅為自己增添好人緣，工作起來也更為帶勁。

玩樂是一切的原點。自古以來，人們一直在學習玩樂。玩樂就是體驗專注與放鬆，學習成功與失敗、支配與順從。藉由玩樂，我們也能經歷到直覺和深思熟慮這兩種行為。

保持儀容整潔

對社會心存敬意的行爲

保持儀容整潔很重要。

追求個人自由之餘，也別忘記對社會心存敬意，不要做出讓他人感到不愉快的事。

食、衣、住皆是很個人的事。話雖如此，也不能隨心所欲。只要有自己是社會一分子的認知，便能避免做出對社會不好的負面行為。

關於整理儀容，最重要的是保持清潔感。

我每隔十天去理髮店整理頭髮；每三個月去牙科診所報到；大約一個月按摩兩次放鬆。

在頭髮尚未變得凌亂之前就前往修整，也會在蛀牙出現之前就去牙科診所，更不會到身體十分不適時，才去整脊按摩。

為什麼我一直保持這些習慣呢？因為對我而言，努力維持整潔儀容是最基本的事。

觀察一個人的外貌，不是看他是否長得好看，而是予人的整體印象。我認為有著健康爽朗的形象，有助於提升他人對自己的信賴度。

隨著歲月增長，我會更加注重：無論哪一個年紀都要維持儀容整潔。若疏於打理，整個人就會顯得邋遢，而且最先發現的人，往往不是自己，是別人。

保持整潔儀容，散發整潔感，就能露出發自內心的笑容。

CHAPTER 6

健康有活力的「時常」

請問松浦先生

我的身體很不好，
這樣是不是很糟糕？

「身體的狀況只有自己最清楚，因此，費心了解自身狀況的你是健康的。」

健康有活力，是生活的一大助力，同樣適用於工作與玩樂。儘管熟知這個道理，人們卻總是輕易地犧牲健康。許多人忙碌起來就犧牲睡眠時間，隨便應付三餐。明知自己缺乏運動，卻遲遲未付諸行動；明知吃宵夜、點心會對身體造成負擔，卻難以戒除。

因為這些壞習慣，不會立即影響身體，使得人們容易忽略。但，總有一天會讓你的健康狀況亮紅燈。像是變得容易疲倦、提不起勁，更嚴重的話，還會引發心血管疾病。

年輕時，不明白大人為何總是說「別逞強」，明明自己「也沒做任何逞強事」。

畢竟，那時候的我年輕力盛，適應力很強。

現在的我終於懂了那句話的意思。

如果過於自信，硬撐的話，不僅打亂生活步調，壓力過大也會擾亂心緒。長期下來，身體肯定是無法負荷的。

最明顯的是，自己的外表愈來愈衰老。

健康有活力，就是身心保持放鬆，才能活得自由豁達。

不但擁有想做就馬上放手去做的強韌心態，還有能從容地應付各種突發狀況。

即便身體有老毛病，只要好好處理，依然能過著健康有活力的生活。

為了保持健康、擁有活力，現在就從能夠著手的事情開始吧。

健康 是今天的自己，打造將來的自己

健康的基本，源自每天的習慣。好習慣能打造優質的生活步調。

為了維持一定的實力，運動員向來十分注重養成好習慣。就像身體狀況不太好或是有老毛病的人，總會格外注意生活上的各種習慣，這樣才能讓自己過得舒適一點。

首先，要重視的是飲食。

早餐究竟該吃得飽、吃得好，還是稍微吃一點就行了呢？什麼樣的飲食方式才適合自己呢？比方說，晚上不吃碳水化合物，一天只吃兩餐，不吃宵夜點心。

找到適合自身的飲食方式後，請開始培養習慣吧。

同樣的方法也適用於睡眠。

包括睡覺與起床的時間。一般而言，早睡早起最健康，但找到適合自己的模式才是最重要的。

一旦養成習慣，身體就會記住此模式。

也有人晚上無法入眠，卻不會感到焦慮，按照自己習慣的時間就寢吧。

接著，早上固定時間起床、吃早餐，晚上固定時間吃飯，久而久之，身體便會依循這個模式運作。

即使決定好模式，能否付諸實行又是另一回事。其實，只要搭配均衡飲食，盡量做些輕鬆一點的運動，就能養成好習慣。

要是忽視今日的健康，便會使明日的自己受苦。
雖然不受任何束縛，讓人感到快樂、自由自在，但遲早還是會後悔的。
今天自己所實踐的飲食、睡眠，以及生活模式，都可以在往後幾年的健康報告得到驗證。
想像未來的自己，仔細思考還是健康有活力比較自由。

為了今後也能健康生活，養成好習慣很重要。
隨著環境和年齡，很多事情也會有所改變。若覺得原先的習慣已不適用自己，那就稍微調整吧。

散步

有助於發想，使身心舒暢

我每天都會散步，散步能讓身心更為輕盈。
尤其經歷一整天都坐在桌子前工作，格外有感。

一邊走，一邊驅動著五感，觀察各種事物。
「天氣變熱了」、「現在流行這樣的打扮啊」、「大家都好匆忙喔」。
也會明瞭到這世界的動向，以及人與人之間的情感。

散步同樣有助於消除煩惱。
與其坐在桌前，不如起身走走，促進大腦運作，進而達到放鬆效果。
我時常在散步途中靈光乍現，消除了不少煩惱。

基本上，我一天散步兩次，早上和晚上各走一萬步。

我會儘量調整工作排程，保留白天散步的時間。有時出門開會，便刻意走到下一個車站搭車。

吃完晚餐後，大約散步一小時。因為每天都走一樣的路線，身體也習慣了。像是上坡的路段，會比較喘，汗也流得比較多。

走路時，能趁機消化吃進肚子裡的食物。散步完，身體變得輕盈許多，晚上就能好好入眠。

因此，走路如同營養補給品，是非常好的放鬆方法。

規律

自然地維持一個步調

規律生活是健康有活力的基本。
無論是平日或週末，我保持著如出一轍的生活作息。
早上五點左右起床，夏季會更早一點，冬季則稍微晚一點，然後六點吃早餐。
八點開始工作。早上是最能專注工作的時段。
一到中午十二點，休息一個鐘頭，幾乎不吃午餐。
大概下午四點會結束工作，工作約八小時。
接著準備晚餐，六點用餐。再外出散步一小時，十點左右就寢。
這就是我每天的作息。

經過各種嘗試後，這個作息能讓我達到最高的工作效率，保持最好的專注力。

即便不用鬧鐘，每天早上也會自然醒，晚上到了一定時間就會想睡覺。

每一天都過著規律生活。也許有人感到無趣，但規律生活對於身體各個方面的影響遠超乎你的想像。

一旦習慣了規律的步調，就不會認為是件難事。

規律生活還能帶來莫大回饋。例如，每天心情愉悅，工作更有效率，縱使遇到緊急狀況，也能從容應對。

當然，我不是一味主張奉行禁欲主義。

畢竟，與人相約吃飯，就會改變用餐時段；開會時間延長，也會影響就寢時間。

這些規則並不是硬性執行，無法避免的事，依據情況變通即可。只要養成習慣，即使一時改變，也能立刻調整回來。

若頻繁做出改變，便會難以回復，使得身體狀況一時無法適應，形成了壓力。因此要儘量避免太大的變動。

一般上班族不太可能像我一樣晚上六點用餐吧。儘管早睡早起，有益身心，有些職業卻難以實踐。

其實最重要的是，找到適合自己的「規律生活」。

藉由規律生活，培養安穩的生活步調。

對於身心來說，絕對是最愉快舒適的狀態。

休息 至少做個深呼吸

為了保持身心健康，有很多事情要做。其中之一就是充分休息，避免過度疲累。

對於許多人來說，這是看似很簡單，卻難以做到的事。

由於沒有感受到疲憊，便不會想休息。

心越是疲倦，就越會逞強。

不想承認很累，於是不斷告訴自己沒問題的，還可以更努力。

因此，休息也是工作的一部分。

縱使不疲累也要適時休息，千萬不能因為不累、很忙，就塞滿了工作。

因此，最重要的基本，必須先確保休息時間才行。一天的休息時間為吃飯與睡眠，而且也要決定每週和每年的休假時間，再來安排工作。

休息方式因人而異，有人偏向戶外派，有人則是居家派。有人覺得心容易疲累，也有人覺得身體容易疲累，其實，各自都有適合的休息方式。

休息的目的是要讓身心放鬆。

最簡單且最即時的休息方式，就是深呼吸。慢慢地，反覆地做幾次深呼吸吧。越是在疲累緊張的時候，越有效。

只要稍微放鬆，身心即可迅速恢復。尤其繁忙的時候，更要記得放鬆、不慌張。

這樣的態度也能緩和周遭氣氛。

藉由休息，守護自己的身心。懂得適度休息，也是成功的秘訣。

保養

讓自己平靜下來的緊急處置

保養的英文是「maintenance」，如同「整理庭院」、「保養肌膚」般，花點心思和時間，以維持更好的狀態。

你知道如何保養自己的身心嗎？

我保養身心的方法，就是閱讀書籍。

不時有人邀請我寫專欄或評論，這是我的工作之一。

三十幾歲時，每天感覺都在截稿，宛如運動一樣，不停地寫完一篇又一篇。一邊思索，一邊埋首苦寫。

雖然已經成為習以為常的工作模式，但寫多寫久了，好像也漸漸地陷入瓶頸。

儘管不斷告訴自己一定要振作，卻怎麼也提不起幹勁。

煩惱時，原先美麗的也會逐漸變形，失去自己覺得最舒服的步調。

此時，我使出的保養方法就是看書。

閱讀能讓自己沉靜下來的書，例如，志賀直哉*的著作。每次讀他的創作，心情就會感到平靜，重新尋回自我，繼續提筆寫作。

因此，我的書櫃上擺著成排的志賀直哉作品集。其中，最喜歡他的隨筆，任意抽出一本翻閱，便能重整心緒。

藉由手指感受紙張的質感、用眼睛追逐文字的速度，使人感到舒服，彷彿與作家對話。哪怕只有十分鐘，都能透過閱讀暫時保養自己。

只有自身才知道如何保養自己的心和身。

你一定也能找到維持心情舒暢的保養方法。

＊志賀直哉（1883-1971），出生於日本宮城縣石卷市。被譽為日本「小說之神」，是日本文學「白樺派」代表人物。

CHAPTER 7

安心的「時常」

請問松浦先生

如何才能消除不安呢？

「心懷謝意，就能消除不安。」

任誰都有不安的時候。
該如何做，才能讓自己每天過得安心又快活呢？

「不知今後會變得如何……」
「要是生病了，該怎麼辦……」
「工作可以像現在這樣持續下去嗎……」
懷抱著許多的不安過日子，真的很痛苦。
問題是，任誰都會不安、煩惱。
因為一點小事就情緒不穩、亂發脾氣。每天的心情有如乘坐雲霄飛車，
時而高昂，時而低落，很難平靜下來處理事情。

這樣的情況當然可以改變。

凡事別鑽牛角尖，才能更放鬆、更快樂。

養成幾個能讓自己安心生活的好習慣吧。

守護

自我認同與約定

每個人最該守護的，是自己。珍視自己與安心有關。

這與是否優秀無關，也無關是否對世間有益。

而是能否相信自己直到最後。

也就是秉持著「我是這麼想」的意志。

唯有自我認同，才能證明自己存在於社會。

自我認同，也可以視為一種哲理。

代表身而為人的「理念」。

例如，我秉持的理念是「正直、親切、笑容」，一直將其放在心裡最中心的位置。
也能表示自身的強大吧，象徵決心帶著這般理念走在人生的路上，即能守護自己。

另一個要守護的是——約定。
與自己的約定，與他人的約定，以及與社會的約定。不論是誰，都擁有約定，不妨思考有哪些約定，努力守護吧。
那麼，你和自己有何種約定呢？應該要好好想想，並且努力地守護。

交流

溫情能成為安心的種子

現代人愈來愈少交流了。

一方面是因為疫情，導致握手、輕擁的舉動都不行。避免傳染的同時，人與人之間的交流機會也大幅減少。

事實上，有些事只有透過交流才能感受、傳遞。畢竟，僅僅透過眼睛觀察，與真正的交流有著極大的差異。

如同器皿，實際用手觸摸、拿起來，才能體會是否好用。單純地觀看，是無法感受到什麼。

藉由交流，可以得到安心感。

應該不少人知道觸感很好的毛巾、毛毯能帶來安心感吧。

「觸摸」與「接觸」兩種行為不太一樣。

「觸摸」是主動的單方面行為，「接觸」則是有個對象，就好像人與人之間透過接觸而建立深厚的交情。

這就是交流。

不僅是見面，還有握手。隨著手掌的觸感，會感受到強烈的溫情，讓人印象更為深刻。

夫婦與情侶透過牽手，感知彼此的愛意與相信相依。

人藉由交流而感到安心。

就算今後世界再怎麼瞬息萬變，這個事實也不會改變，因為交流能帶來溫情與安心。

構築

持續、連結，變得更強

構築就是紮根、孕育。

人生有許多需要花費時間才能得到的東西。

例如，信賴。

餐廳的服務人員總是笑容可掬地待客，還有擦身而過時，經常開朗打招呼的同事，彼此就在不知不覺間產生了信賴感。

「總是笑容滿面。」

「值得信賴。」

「心懷感謝。」

之所以會有這樣的態度，其實都與安心有關。

因為我們總是信賴始終面帶微笑待人的人，花時間構築的信賴則會帶來安心感。

自信也是如此。

好比持續做著相同的工作，經過第一年、第二年、第三年，漸漸地產生自信。工作依靠的不僅是技術，還有應對進退的各種經驗，都能幫助自己構築自信。

無論是人際關係還是工作，一步步地打好基礎便能安心。不斷累積，從點逐漸形成線，這樣構成的東西最穩固了。想要開始進行某件事時，只要想像著如何「構築」，便能安心地著手展開了。

一邊逐步進行，一邊想像「構築」一事。

舉例來說，縱使進展不太順利，只要想著「一年後一定可以做到這樣吧」，「構築」就會化為一股力量。

「這麼做會變得如何呢？」這股不安感也會消失。

成語「心堅石穿」，一般的意思為：「堅忍不拔，一定會成功」；但其實也能解釋為：「要想構築任何事物，一定得耗費相當程度的時間。」

首先，就是「相信」。一旦對任何事情有所存疑，便無法步上正軌。不管面對的是人際關係還是社會問題，藉由相信的力量來構築，就能逐漸正向發展。

如此構築出來的東西非但不會輕易崩壞，還會變得更加強韌。所以學習相信吧，才能產生安心感。

不企求

不期待、不追求、也不計算

「Give and Take」有互相給予、彼此禮讓、相互支持的意思。我覺得這種想法真的很棒。

千萬不要想成——我給你，你也要給我，如此負面的關係。

至少不能忘了對方給自己的禮物，也不能單純地公式化每句話的意思，一心計較利益。

即使如此，旁人並沒有義務要為你做些什麼。

「生日那天，老公一定會有計畫。」雖然充滿期待，事實如何卻難以預測。隨著日子一天天逼近，期待越大，不安也越多。真的會幫我慶生嗎？該不會忘記了吧……。這麼一來，明明是慶生，反而把自己搞得很痛苦。

一旦企求些什麼，引發的不快樂便會成為壓力，也會無法構築安定的人際關係。

無論在工作還是生活，為別人做事，或是幫人解決問題時，內心難免會期待對方的感謝。

原本起初是出於善意，但隨著時間推移，「我這麼努力，對方應該感受得到吧」這樣的想法逐漸在心頭生根。

然而，多數情形是「佯裝不知」。

有人會不滿對方只有說聲「謝謝」而已，事實上，很多連謝謝都不會有，所以不抱期待這一點很重要。

一旦在意對方的反應，痛苦的就是自己。因此，不要企求。

或許我們只要這樣想：其實對方很在意，內心也知道該表達感謝。感激之情能讓人開心，只是很少人會將此份心意化成言語。期許自己是個他人為我付出時，都能表達感謝的人。但，別滿心期望他人也會這麼做，如果我們這麼要求的話，就太過任性了。

即便如此，我還是會繼續付出，盡自己的能力範圍即可。

內心安穩度日的秘訣在於不企求，不計較得失，不算計利害。

真正的付出是不求回報，盡力以赴。

抱持不企求的態度才能孕育安心感。

掌握　窮究正確的事實

要抑制不安，最有效的方法之一就是掌握。

例如，對自己的健康狀況深感不安時，不妨進行健康檢查，以便掌握身體狀況，降低不安感。

「一旦知道事實，不是更不安嗎？」或許有人這麼想。但，在一無所知的情況下，也不可能消除不安。

若對於將來的生活深感不安，首先要做的是了解自己的存款金額，以及可以領取的年金，並且調查老後生活的所需花費。

倘若對於疫情惶惶不安的話，可以查看具有公信力的調查數據，確實掌握現況。

現今是資訊爆炸時代，肯定有許多假消息流竄。只要聽信太多這種不實的假消息，便會加重自身的不安感。

時常以客觀的態度看待事物也很重要。是什麼樣的人發送這樣的消息？誰支持這樣的消息？又是基於何種根據呢？

如此俯瞰整體事態，確實掌握情況。不僅僅是收集情報，還要進行分析，判別情況，窮究正確的事實。

絕對不能只依賴網路資訊，必須閱覽很多資料，與人交流，更重要的是必須動腦思考。

不論是工作還是生活遇到麻煩時，內心一直想著「怎麼辦！」便會焦慮不已。

若一開始就確實掌握狀況，這樣一來，才能迅速擬定應付的方法。

不管發生任何事，千萬不要情緒化、沮喪氣餒，一定要先掌握情況。如此便不會被不安的情緒左右。

只要靜下心來，掌握情況，就能讓所有焦慮化為安心。

CHAPTER 8

學習的「時常」

請問松浦先生

讀書與學習有何不同？

「讀書是汲取知識的手段，而學習則是探索。」

學習不僅是為了取得資格，也可以是基於想瞭解的事情或興趣而去看一本書。

體驗和了解事物，抱持疑問、獲得新發現，正視自己，甚至是面對失敗，都是學習的一部分。

總之，人生的一切都是學習。

越是上了年紀，越覺得學習一事很困難，究竟是為什麼呢？

打從出生那一刻開始，人為了活下去，就必須不斷學習。所見所聞都是新的，不斷吸收各種養分。

人增長到一定的年紀，往往認為沒學習新東西也能生存下去，因為憑藉經驗總是有辦法應付，或者索性不再進取。這樣的想法，真的很可惜。

然而，世間瞬息萬變，要活在現今時代，並不是件容易的事。

好比必須了解最尖端的資訊一樣，至少要打開好奇心。期許自己像小時候一樣，對每件事都感到好奇有趣，不斷吸收各種新知。

要想成為這樣的人，必備條件就是坦率。不要過於相信自己，還要懂得感動。

坦率能讓自己對於與人相識一事感動，有了感動就會心生感謝，感謝就會促使自己學習。這樣的人總是不斷地成長，保持對知識的渴望。但，他們並不因此自滿，持續謙虛地向人請教，也就學習到更多。

終身學習的人，與人生到了某個階段便放棄學習的人，有著莫大差異。學習接受悲傷、痛苦的人生，肯定總是充滿希望之光。

這樣的人儘管上了年紀，仍然很有魅力。

挑戰

爲了遇見全新的自己

時常挑戰吧。

不必咬緊牙關地挑戰，只要花點心思，挑戰自己喜歡的事，期許自己做得更好就行了。

不必設立遠大的目標，也無須制定期限，一步步來即可。只需告訴自己「我想這麼做」，然後迎接挑戰。

若喜歡跳舞，那就嘗試不同的曲風吧；就算沒耐心看很厚的書，也試著閱讀一下吧。

對自己來說，好的刺激可以促使自己轉換心情。

挑戰還能帶來驚喜，激發好奇心，提升汲取新知的敏銳度。正因為新事物與過去迥異，才能激盪出靈感。

鼓起勇氣打開一扇新門，也是一種挑戰。

不知不覺間，我們習慣日常的一切，反覆做著大概知道結果的事。沒有任何改變，最令人感到安心。但，就某種程度來說，這種感覺並不是安心，而是輕鬆罷了。這股輕鬆感，總有一天會迫使自己退化。

如同製作資料時，只要按照既定模式與步驟完成，絕對不會失敗，或至少有八十分，彷彿萬無一失。

然而，我們能從這樣的固定模式中學習到什麼？發現到什麼？有成就感嗎？過於仰賴既有的方法，而放棄了學習的機會。

對我而言，就是跳脫舒適圈，嘗試挑戰新事物。因為在安全範圍內，即便一決勝負，所學到的東西也有限。

接觸新事物，難免會獲得失敗、損失，也會經歷氣餒沮喪。但，挑戰本來就有失敗的可能。

端看能從中學習到什麼，又會損失些什麼。

「幹麼做些無謂的事，挑戰只會造成損失而已」有這種想法的人，便不會再挑戰了吧。選擇活用挑戰，或是斷絕挑戰，端視自己的決定。

只要持續挑戰，任何人都能成為最好的挑戰者。

也許隨著年紀漸增，挑戰的難度會改變，卻還是想繼續挑戰。

藉由挑戰能看到全新的自己，所以我想一直挑戰下去。想成為縱使害怕也想挑戰的大人，這是一個很重要的學習態度。

不疾不徐

絕對不要急著尋求答案

要是真心想學習，就要先學會不疾不徐。

近來周遭的學習觀念，似乎一味強調效率，主張越快學會越有價值，如同標榜「只要一個月即可精通英文會話」的口號。

急就章的學習，只是浪費時間罷了。

還是不疾不徐的學習比較有效率。那麼，該怎麼做呢？

倉促學習，很快就會忘光。

好比考前一夜熬夜苦讀，一週後幾乎忘得一乾二淨，我想不少人有過這樣的經驗吧。

同樣適用於減重。三個月減十公斤，以及一年減十公斤，到底哪個復胖率比較高，不必明講也知道吧。

著手學習時，大腦會尋找一套規則，藉以訂立計畫。為了尋找這套規則，必須透過反覆嘗試，耗費一定程度的時間。

雖然所需時間視個人情況而定，若時間不夠充裕，不僅無法完成計畫，沒有計畫化的情報也會隨之忘記。

能否廣泛應用這樣的知識與技術，則需要仰賴大腦中所訂立計畫的紮實程度。

投資一事也是如此。

急著想大賺一筆是很困難的，像是炒作外匯、虛擬貨幣等都有類似的共通點。

投資失利之人的共通處，就是急於尋求答案，沒有做好長期規劃，按部就班進行。

事實上，不僅投資，成功與否的分歧點就在於所投入的時間。換句話說，讓失敗變成功的關鍵，就是「時間」。

不必急著尋求答案，花時間投入的事物是不會輕易失去的，這是不變的真理。

確認 不要仗著自己知道

現今時代，任何事情皆能輕鬆地搜尋、調查。

只要擁有智慧型手機，所有的事物都可以上網搜尋。這是一個能從各種角度看到、聽到，以及讀到答案的時代。

當你對一件事產生興趣或疑惑時，藉由自身經驗來確認就是一大學習，失敗亦然。

因為是自己嘗試過而得到的經驗，所以才能獲得真正的情報，等同事實的價值。

我有一位朋友十分熱衷馬拉松。

他從四十歲開始練跑，起初練跑才幾個月，馬上就有夥伴約他一起參加全馬。不曉得自己能否跑完全程的他，抱著「姑且試試」的心態參加。

果然和他想像一樣困難，最後十公里幾乎是用走的。儘管那時的他痛苦萬分，卻不討厭這項運動。

他在心裡湧起這樣的感觸；「沒想到跑那麼長的距離，可以得到如此大的感動。難怪這麼多人樂在其中，能夠鼓起勇氣挑戰真是太好了。」後來，他練得愈來愈起勁，現在三小時即可跑完全程的他，就這樣成了頂尖好手。

自己實際確認後而得到的情報是最龐大的，還會伴隨著感動，讓人心生喜悅。

因為珍貴的第一手情報，充斥著嶄新的氣息。

或許有人會上網閱讀別人寫的馬拉松體驗記，就認為：「感覺這運動很辛苦呢！還是作罷好了。」但，這位友人實際體驗過一次後，從這項運動嘗到感動的滋味。

他也沒意料到自己會愛上此項運動。直到親自確認後，就這樣一頭栽進馬拉松的世界。

其實人際關係也是一樣的。花點時間親自確認，絕對有所助益。
以我的經驗為例，我曾參加一場幾乎是初次見面之人的聚會。
有人會率先發言，主動說明自己的學經歷，但也有人則是沉默地坐在一旁靜靜聆聽。
我要分享的這位人物屬於後者，並不是特別顯眼的存在。
然而，一旦發生問題時，最早掌握狀況，發揮領導力的卻是他。
他清楚掌握每個人的個性與特色，做出明確指示，讓人心服口服。為什麼他能做到呢？因為他一直客觀地觀察著所有人。
他不會依學經歷來判斷一個人，而是用自己的雙眼確認事實，也不會受他人的影響來看待一個人。
他不會一派高高在上的模樣，而是自然地和所有人交流往來。
也不像有些人喜歡擺架子，享受優越感。

但，唯有他肯花時間確認各種事物，綜觀一切。
「馬拉松是很累的運動吧」、「聚在這裡的人似乎都不怎麼樣嘛」不要像這樣輕易地下結論，而是要親自確認。
與其倉促地拋出結論，不如花費時間確認，才能學習得更多、更紮實。

存疑

爲了相信而存疑，爲了存疑而相信

不會只有一個答案。
任何事情都不會只有一個解決方法，正如同一句話會有不同的意思。

這個道理與哲學一樣，藉由抱持疑問，持續思考，才會有新發現，才會有新的學習。

古代希臘哲學家蘇格拉底對於「世上沒有比蘇格拉底更有智慧的人」這則神諭存疑，於是他不斷思索「誰是有智慧的人？」而他得到的學習為「無知之知」與「自覺無知」。

「比起明明不懂卻裝懂的人，什麼都不知道的自己還比較好，不是嗎？」這是蘇格拉底思索出來的哲理。

每天都是用相同的步驟煮咖啡，如果能帶著存疑，持續思考是否有更好的方法，也許就能煮出更加美味的咖啡。

可能是不同的沖煮手法，也許是咖啡豆品種、自身喜好的感覺不一樣。

一旦堅信「這是正確的」，便不可能會有新發現。

雖然我每天散步的路線都一樣，卻能一邊感受四季更迭，一邊仔細觀察今日與昨日相異之處。

於是，我察覺到長在路邊的雜草，以及路上擦身而過人們的服裝有所變化。總有新的發現，讓我感到開心。

對正確答案有所存疑，也就代表著好奇心。好奇心是跳脫既有框架，帶來更自由的發想。

存疑與相信是並存的，儘管此種說法相當矛盾。

存疑的同時也相信的話，能夠鍛鍊一個人的意志。

即為了相信而存疑，為了存疑而相信。

「真的能夠順利進行嗎？」

「這方法真的萬無一失嗎？」

自己反覆驗證這樣的疑問，更能強化相信的力量。

最後要特別強調的是，對人存疑的意思不同於上述說明。人際關係的一切是從相信開始。不對別人存疑，就不會有痛苦。

擁有自信

學習到太多值得被稱讚的事

我們從出生那一刻便一直在學習，每天都在學習。有很多的事物，只有自己經歷到，才會去注意。雖然不是什麼了不起的學問，但仔細想想，都是很厲害的事。

當被別人問道：「你知道些什麼呢？」這個問題實在難以清楚回答。因為我們沒有把一直以來所學習到、知道的事化為言語，也毫無邏輯性地思考，或詳細記錄。

沒必要向別人說明自己所學到的內容。

然而，有很多是唯有自己才能學到的事，也因此磨練出不少本領。更別忘了，也因為這些本領，自己獲得了許多喜悅與成功。

事情不只侷限於工作，也存在於日常生活中，包括家事、料理、人際關係、養兒育女等。就是像這樣有很多明明比別人優秀的人，卻無意識地做著「很厲害」的事。

不要想著自己沒什麼，要對自己更有自信。

許多事情只有自己能做到，只有自己才想得到。
我們學習到太多值得被稱讚的事。
無論是工作還是生活，任誰都有氣餒、沮喪的時候。
但不管發生什麼事，直到最後的最後都要相信自己。即使不被別人看好，也要覺得自己絕對沒問題。

不論何時，最值得信賴的人是自己。
不要畏懼，不要退縮，也不要自滿，始終相信自己很重要。

CHAPTER 9

工作的「時常」

請問松浦先生

工作的樂趣是什麼？

「工作是辛苦大於樂趣，但即便如此，還是有很多樂趣。」

我一直想談論自己對於工作的看法。
無論是誰，泰半人生都被工作占據，我也一直抱持這個念頭工作至今。為了生存，為了得到他人的肯定，為了完成某個目標，為了自己和家人等等。目的因人而異。
其實說穿了，就是世人普遍認為長大成人後，有份工作是理所當然的事。也因此，有不少人從未思考過工作的目的。

那麼，你又是怎麼想呢？
社會的風氣是這樣的，能夠工作是件好事，只要還能工作就做吧，畢竟不曉得以後會如何。不知從何時開始，大家抱持這種無力感而生活著。
知道工作目的的人，與不知道或是不想知道（半放棄的心態）的人有著極大差異。我認為此差異是影響人生的要點。

於是，我想到的是「工作就是幫助有困難的人」。

某種程度而言，這個答案很抽象，也可能不是正確答案。那麼，如何運用自己的價值觀，將抽象的答案具象化，而且是用自己的意思來完整表達。

此外，我也不禁思考工作是否與「成功」、「幸福」，或是「安心」有關呢？

工作的前提是需要有個人，從事什麼工作都行。了解這個人所處的狀態、心理狀況，觀察他的需求。也就是說，有個人有所需求，然後發現這一點的某個人有所回應。而這份回應會產生對價關係與感謝的心意。藉由這一連串的過程，形成了所謂的工作。

工作所帶來的成就與喜悅，促使工作範圍更廣泛。
工作好無趣、超累、不想工作。任誰都有過這樣的感受吧？當有上述的心情時，只要靜靜思索「工作就是幫助有困難的人」，然後意識到「對喔，今天我用工作幫助了有困難的人」便會發現自己其實很努力。

「工作就是幫助有困難的人」。

試著把這句話套用在自己的工作上。
即便是一整天都未與人接觸的工作，也請稍微思考一下。
有誰面臨困難？
有誰需要什麼樣的幫助？
我的工作是否派得上用場？

工作就是能讓人打從心底覺得「啊啊～太好了。得救了。」欣喜不已的存在。

這正是現在的我，以自己的意思來表達對於工作的看法。

幫助

享受工作樂趣的原理與原則

工作就是基於「幫助有困難的人」所成立的，我也一再強調，任何的工作皆是如此。

工作目的因人而異，有人是「為了賺錢而工作」，也有人是為了「對世界產生影響力而工作」。

但，工作的要素是為了幫助有困難的人而行動。只要記住這一點，便不會迷失。若仍在煩惱「到底是為了什麼而工作」，請想想那些需要幫助的人。

以賺取大量金錢或是為了出人頭地而工作，之所以難以感到幸福，不正是因為無法感受到幫助別人的心情嗎？

當「幫助」的意識成為要點時，即可掌握各種商機。

例如，觀察到許多人為了處理家中穿用不到的衣物和器皿而傷腦筋，進而架設了可以進行買賣交易的應用程式。

只要提早察覺到有人需要幫忙，這也能左右商機的成功與否。

時代不同，煩惱的事情也不太一樣。如果沒有仔細觀察的話，不僅會錯失新商機，也可能迫使目前的工作規模縮小。

舉例來說，隨著音樂串流平台興起，大家不再會有聽不到自己喜歡音樂的煩惱，導致街上的CD店、影音出租商店瞬間驟減。

近年來唱片風潮再次崛起，正是因為有些人覺得只聽串流平台似乎少了點什麼。

需要發想創意時，一定要有：「這麼做可以幫助到別人嗎？」的思考。

還有，究竟有多少人可以得到這樣的幫助呢？

每天總會無預警地冒出「新煩惱」，但若抱持想幫助他人解決困擾的念頭，絕對會改變你面對工作的看法。

這種想法適用於任何工作，也是享受工作樂趣的原則與基本。

準備

盡心做好該做的事

面對重要簡報時，我事前一定會反覆多加練習，徹底做足準備，才得以安心。

首先，查找相關資料。如果簡報的對象是企業主的話，我肯定會去了解企業長年來的演變情況，以及近年來的財報資料，掌握企業主的最新消息。不能只在乎業績好壞與否，必須思考還能從哪方面著手，然後用筆標記重點。

如此一來，即可彙整成企劃書，再來進行簡報練習。

我會準備碼錶，假設簡報時間為五分鐘，就會要求自己在時間內完成。還會透過錄影方式，回放確認自己哪裡說得不太清楚，或是表現得比較生硬的地方，確定全部都沒有問題之後，才會結束事前排練。

我經常被詢問：「事前準備有必要做到這種地步嗎？」

其實，我是為了讓自己放鬆，以迎接正式登場。要是不這麼做，就會焦慮不安，甚至失眠。

對我來說，徹底準備是消除不安的最佳方法。

仔細準備好之後，就要正式上場。

若沒有做好萬全準備，實在無法安心上場。

還有一個要點，那就是不要讓別人看到你一副戰戰兢兢、全力以赴的模樣，展現從容以對的自己就行了。

有時縱使自認準備充足，還是無法得到對方的認同。這也是沒辦法的事，畢竟工作難免有不如預期的時刻。

但，千萬不要有「做了許多準備也沒用啊」的想法。藉由準備，可以學習到更多。甚至能夠立即知道對方的反應，是個彌足珍貴的機會。

無論開會或採訪，我都會花些時間準備，一定會先閱讀拿到的資料。採訪時，也會習慣筆記下來想知道、想確認的事。

即便是我自己擔任講者，氣氛比較輕鬆的脫口秀也會確實做好準備。雖然即興發揮對於聽眾來說，比較有現場感的趣意，但是事先做好掌控全場的準備，讓聽眾享受現場氣氛也是我的責任。

實際上，不只我這麼做，觀看Instagram等直播影片也會明白不少人都是事先有所準備的。

絕對需要充足的準備，才能催生出超乎預期的成果。

人際關係亦是如此，有所準備很重要。

好比與人相約，想像對方現在的狀況、了解對方的喜好等等，才思考碰面的時間，以及合適的場所。

與人碰面不空手，這是我的原則。

我一定會準備對方喜歡的東西。

不只是實質的物品，也許是對話、當下相處的氣氛、碰面的場所等等，帶著精心準備的禮物赴約。

對待好友、夥伴也是如此。

偶爾相約吃飯時，如果對方近來很在意健康問題，我便會事先蒐集相關情報；要是對方打算遠遊旅行，我也會想想有哪些不錯的地方可以推薦；倘若對方心情低落，我則會嘗試查詢他喜歡的電影類型，幫助他轉換心情。

藉由這種交流，輕鬆愉悅的聊天，不僅清楚對方的狀況，對方也會收穫被關懷的喜悅感。這就是構築信賴關係的基本。

做好準備的好處之一，就是在花時間準備的同時，也能順道整理自己的心緒。

計畫

留白是爲了成果與品質

多數的工作都有時間軸，所以必須擬定具體計畫。

提到計畫，有些人習慣塞得滿滿的，我則是一定會留白。

比方說，一天工作八小時，單純計算時間的話，可以開三或四場，每場一小時到二小時的會議，分別是上午兩場，下午兩場。

而我則是頂多一天開兩場會議。

為什麼呢？因為我希望每一場會議，都有確切的成果。

例如，業務擬定好一天要拜訪十位客戶，為了達標，勢必得縮短每位客戶的會議時間。若客戶要求仔細說明的話，礙於時間限制便無法充分應對。縱使表明後續會再聯絡，但客戶就是希望當下能清楚說明。
工作上，難免會有突發狀況，這時應對處理的方式非常重要。
因此，擬定計畫一定要留白。

如同寫作時，實際書寫的時間最長不超過兩小時，卻得花上三、四倍的時間構思如何下筆。
當然也有人一坐在桌前即可奮筆疾書，而我卻不是這樣。
大部分的情況是，準備的時間比提筆寫作的時間來得長。

寫作需要「磨時間」。
剛寫好的原稿十分粗糙，必須花費時間重新確認，以及仔細修改。
反覆改稿校對後再交稿。
如果沒將這段時間也列入計畫表的話，就會交出尚未打磨仔細的原稿。

對我而言，這是莫大的壓力與風險。

擬定計畫真的很重要。

留白更是關乎成果與品質。

雖名為留白，其實是更充分地利用時間。

團隊合作

共享共喜

幾乎沒有獨自就能完成的工作。

工作是需要夥伴、客戶、協助者，人與人之間的連結才能成立。

舉例來說，寫小說可以獨立完成，但要是希望作品更好，便需要聽取編輯的意見。而一本書的完成，需要借助設計和校對者的幫忙；一本書的出版與銷售，也需要出版社與書店員工的協助。

成功的企業經營者往往是媒體報導的焦點。縱使鎂光燈聚焦在一個人的身上，實際上，所有事情幾乎都是團隊協作而成。

團隊合作時，最重要的是共享觀點與情報。

千萬不能忘記日本職場常說的「報、連、相」——凡事報告、有事連絡、遇事相談。切勿自作主張。

在被其他成員追問之前，最好要不厭其煩地主動報告進度。

與人合作時，只要心中出現「需要他的協助才行」的念頭，便要積極主動邀約。

團隊合作的好處之一是遇到問題時，不必獨自煩惱，可以集眾人之力，立刻應對。

團隊成員若能清楚掌握進度與狀況，處理問題也會更順利。不至於會出現「我不知道啊」、「我沒聽說」的情形。營造團隊成員能共享任何事情的團隊氣氛很重要。

當然，成功時，也是一起分享成果。

或許會覺得「明明都是我的功勞啊」，但其實大家都看在眼裡，根本不必執著於哪個是自己的功績。

工作，無法獨勝，也無法獨佔，唯有與人攜手合作、分享成果，才能拓展商機。

由此所構成的利益分配也很重要，但「利益」不只是金錢，滿足、樂趣、信用與信賴、評價也都是其中之一。

若只有一個人或是特定企業有利可圖，就算贏得莫大評價，看起來是成功的，但能否維持下去卻是個問題。

唯有共享情報、分工合作，才能同享利益，永續發展。

日本製造業一向有所謂的外包機制。

將必要零件先交由外包廠商製作，再用外包廠商做好的零件製作商品。製造商為了確保自身利益，通常會把損失轉嫁給外包廠商，這是一直以來為人詬病的問題。

然而，我認為今後的製造業，應該會以維護利益最少的族群為優先考量吧，以符合所謂的SDGs（聯合國永續發展目標）理念。

無法有所改變的話，就做不出真正精良的產品，也無法達到永續發展。

雖是個人淺見，還是希望社會發展能更健全。

不單是利益，無論是樂趣、滿足、成果還是評價都要分享。這是今後團隊合作不可或缺的要因。

如此一來，便能改變既有觀念，擁有迎向未來的競爭力。

熱情

身爲當事者的使命感

這是我在某企業的大會議室進行簡報時的事。

我事前仔細整理好所有資料，一個人不斷排練，甚至準備問答題庫。但進入正題之前，我先陳述推行這項計畫的動機，以及企劃的目的、必要性、對於社會的影響等等，努力傳達自己的想法。

出乎意料地，在場的決策者只是閱讀一下我提供的資料，便說了句：「明白。就交給你了。」這樣順利通過企劃，實屬難得。

那時的我不明白順利過關的理由，後來才領悟到，驅使人心的不是企劃內容，而是熱情。

無論企劃再出色，要是感受不到熱情，就無法使別人對你產生「信賴感」。

若無法傳遞出企劃者與團隊的熱情，理論再精闢，也無法讓人覺得企劃會成功。

雖然當下的我沒說出口，但真的是抱著「死也想做這企劃，非做不可」的熱情與使命，並且用自己的言語，努力傳達這般心意。

我認為不在於企劃內容有多吸引人，更在於對方能否感受到我的熱情，而想與我合作。

有時並非提案不好，但不知為何，就是沒有斷然執行的熱情，此時只能依賴判斷者的直覺。而且直覺往往都是對的。

內容之後要怎麼修改都行，但熱情卻不是可以硬擠出來的。

我也會有聽取別人簡報的時候。

當我提問：「為什麼會想到這項企劃呢？請說明一下動機。」對方通常無法好好回答，只想迅速依準備的資料進行簡報。

這樣也能看出，那人對這項企劃到底擁有多大的熱情。

還有，自己真的想和他合作嗎？

畢竟我們不是機器，也不是AI，所以很看重人與人之間的適性與關係。

沒有人知道企劃一定會成功或失敗，但促使企劃成功的不是手法與架構，也不是理論，而是當事者究竟擁有多大的熱情，這股熱情又能持續多久。

企劃當然會伴隨著麻煩與挫折。

此時取決於你的身段是否夠柔軟，可以應付各種突發狀況；是否一直擁有強烈熱情，直到最後只剩自己一人，也可以不放棄地執行到底。韌性的影響力確實不可小覷，甚至能夠左右一切。

決策者就是依據是否擁有這樣的「熱情」來判斷。

無論如何都想執行這項企劃。

因為每份企劃都有其背後因素，也存在著各種問題，要怎麼解決這些問題真的很重要。對方想聽到的不是寫在紙上的內容，而是擬定這項企劃案之人的本意，也就是熱情。

換個話題，若是參與公司內部會議，肯定會聽到各種意見。記得，千萬不要光聽不說，要勇於表達意見。

由此證明你在場。

或許有人會說：「我沒有任何意見。」

但有機會發言時，請不要白白錯失。

有人會在意自己提出的意見是否有所助益，但大家注重的，卻是這個人身為當事者的意識與態度。

也就是對於工作有否熱情。

任何工作內容中，倘若只剩下一位當事人還是不懼失敗地執行到底，不管結果如何，都能贏得他人的信賴。

可惜很多人對這樣的堅持敬而遠之。

由於不想失敗，也不想出風頭，只想和別人一樣就好，所以不會義無反顧地行動。甚至因為過於在乎他人的批評，往往還沒被批判就退縮了。
儘管被人批評，要是自己沒做錯事，就當作對方只是想發洩情緒罷了。沒必要為此沮喪氣餒。
沒必要跟隨他人的情緒，而是知道自己的所作所為最重要。
因此，比起企劃內容與個人能力，旁人更看重的是「這個人可以信賴嗎？」、「這個人對工作有熱情嗎？」
工作時，要有自己是執行者的自覺。
日本職場向來很喜歡採用大學剛畢業的社會新鮮人，並保有所謂的年功序列制*，但這項制度已經逐漸崩壞。

* 此爲日本的一種企業文化，以年資和職位論資排輩，訂定標準化的薪水。

現在日本的職場也會雇用外國人，身為外國人的他們不會有「不能太出風頭」、「要是惹毛對方就慘了」的退縮心態。

由於每個人的職責愈來愈明確，當被問道：「你擅長什麼呢？」如果回答是：「我想努力做好份內工作。」這樣可是行不通的。

無法創造自身價值，無法突顯自己長處的人，將難以生存下去。

那麼，該如何擁有熱情呢？透過自我激勵嗎？

其實，最根本的是對於所有事物抱持好奇，以及對待客戶的服務精神。

這也表示對於未知事物的探求，以及希望自己的工作能帶給別人歡喜，努力超越期望值。

尤其是工作，若缺乏服務精神，將無法完成。

不能像個人興趣一樣，只追求自我滿足。如何才能帶給別人歡喜？如何才能讓別人感動？端看自己對於客戶的了解是否詳盡。

即便是不必直接面對客戶的工作，例如，會計之類的職務，意識到客戶的存在與否，可是會大大影響自己面對工作的態度。

藉由這份工作，能帶給誰喜悅呢？

該怎麼做，才能讓對方更開心呢？

假使每個人都抱持這樣的態度，世界就會變得越來越好，不是嗎？

只要能意識到這一點，便能一直保有熱情。

CHAPTER

10

成長的「時常」

請問松浦先生

一想到自己的人生就這樣結束，覺得好落寞，該如何是好呢？

「不管活到幾歲，都要相信自己，嘗試改變一下也好。只要肯行動，停止的成長就會開始運轉。」

成長、想成長、享受成長的樂趣。

無論是工作還是生活，都要有意識地樂在其中。為了樂在其中，便會想增加知識，下功夫去深入進而挖掘事物。

這般深入挖掘的態度與成長有關。

那麼，你目前在深入挖掘什麼呢？

不管是料理，還是眼前的事情也行。

縱使是一件小事，只要深入挖掘就能知道得更多，不斷產生新發想。只要抱持這般態度，任何事情都能樂在其中。

視之為一種成長策略，或許聽起來頗為幼稚的，但我認為成長也是有方法論。

不逃避、不閃躲、不否定。

必須具備此三要點。

也就是說，不論面對再困難的問題都不要逃避，不論再辛苦的事也不閃躲，以及不要否定已經發生的事。

隨時不忘這三點。

如此一來，便能給自己一點點負擔（努力），也許最終仍然感到焦慮不安。然而正如前述，深掘的樂趣是共享的，因此在不知不覺中，你將熟悉各種事物，持續地成長。

人無論到了幾歲都會成長，都能改變自己。

但，千萬不能害怕周遭的人際關係與環境也會改變一事。

成長後的你一定也曾感受到孤獨吧。即便如此，這樣的你只要站上新舞臺，就能體驗到不同於過往的人際關係與環境。
那將是個迎接全新的你的世界。

不願改變、不渴望成長，是因為大腦近乎無意識地告訴自己不想改變現在的人際關係與環境。
那麼，我問你——

一輩子就這樣真的好嗎？就這樣結束人生也無所謂嗎？

成長＝改變，並不是失去。

熱中

視爲自己的事，工作起來更帶勁

我經常思考，會厭倦工作，應該是投入不夠多吧。

所謂的投入，是指約束、責任、相關性的意思。

因為抱著事不關己的態度面對工作，才會厭倦，不是嗎？也代表，沒有樂在其中，所以覺得無趣。

一旦熱中、投入工作，便不會感到疲累。

當你厭倦工作時，不妨反省自己是否不夠投入，抱著事不關己的心態面對工作呢？

要想投入、樂在其中，就不能認為工作只是在幫別人做事，而是要把工作視為自己的事，有所覺悟與約束才行。

「現在的工作無法讓我全心投入，所以沒辦法樂在其中。」

「對我而言，工作是為了賺錢，因此並未感受太大的壓力，也很難激發熱情。」

如此看待工作的人，應該也會認為：「世上總有能讓我全心投入的工作吧。未來某一天就會遇到。」

全都是幻想。

雖然這種說法很嚴苛，但如此想的你顯然已經停止思考了。

工作的樂趣與喜悅不是來自別人的給予。

而是靠自己花心思打造出來的。

縱使不是值得驕傲的工作，但只要投入其中，必定會迎來無可取代的「成長」。

把任何工作都視為份內之事，用心投入就對了。

這麼一來，你就能樂在其中。

順道一提，「樂在其中」是吸引幸運的最佳魔法。

今後我也會抱持這樣的想法，持續前行。如果你有野心、有夢想、想做自己，就請繼續努力讓自己「樂在其中」吧。

思考

別成爲一切都要搜尋的人

上網搜尋的資料，通常是別人查到的二手、三手情報，而且多數都是不屬實的。

基本上，電腦與人類的承載量截然不同。

因為人類沒有處理龐大情報的能力，所以必須精選搜查到的情報，也不可能全部理解。

每次遇到不懂的事，便上網搜尋。過程中，不明白的事卻接連不斷地出現，反而離自己要尋求的答案越來越遠。

很容易陷入搜查資料的泥沼。

這種人往往很快就放棄「自我思考」，十分依賴「上網搜尋」。

除了上網查找資料之外，也需要具備一定程度的自我思考。工作上必須清楚劃分才行。

「自我思考」絕對是基本。

無論再困難的事，都要先自己思考看看。

如果不知道的話，再翻閱書籍、查閱資料，善用自身所想到的方法引導出答案。

若依舊找不到答案，不妨擬出全新假設，重新思考。

雖然這樣的過程很費心力，又花時間，但由此得到的經驗與知識，絕對是千金難買的附加價值。

自己動腦思考，大腦也比較不容易退化。

畢竟大腦一旦退化，便很難復原了。

永保赤子之心

喚回純真的心

人長大之後，會漸漸遺忘隱藏在生活之中的很多樂趣。不僅失去樂在其中的事，做任何事也不免會思考損益。滿腦子往往只有工作。

也經常擔心時間不夠用、經濟拮据。

我打從心底尊敬前職棒選手鈴木一朗，深深覺得他就是成熟大人的完美代表。

一朗先生總是勇於直面任何挑戰，對所有事也都能樂在其中。即便引退，他絲毫不顯老態龍鍾，更不會驕矜自滿。雙眼始終閃閃發光，越來越有少年感，真的是很棒的人。

只要將工作視為遊戲，就會覺得有趣多了。

但絕對不是抱著遊戲般的半吊子心態，而是思考如何讓自己更投入的方法或觀點。

是如同努力發想出來的點子遭到否定或批評時，產生「肯定是我能力不足，看來還不行啊！」的想法，就此消沉氣餒呢？還是像玩遊戲時，抱持「今天又輸了。到底是哪裡出錯呢？」的反思重新研究，意氣風發地再次挑戰呢？

就像尚未經歷人生的孩子，當他們萌生疑問時，從不考慮自己能否做到，而是進行發想。

不要過於在乎周遭的眼光，自己覺得好就坦誠說好。

單純地感到開心、悲傷或感動。

別被上下關係束縛，也要與人友善交流。

遇到任何事，都先坦然接受，嘗試挑戰。

不要與別人比較，相信自己絕對做得到。

捨棄比較、計算的心態，拾回赤子之心。

像個純真的孩子般地成長吧。

宣示 化成言語更有說服力

雖然沒必要向別人大聲公告，但藉由宣示自己的夢想、目標與約定，內心就會湧起一股力量，驅使自身著手進行。

「宣示會成為一種束縛」、「彷彿責任變重了」或許有人這麼想。確實會形成一股壓力吧。

但，任何工作都會伴隨著約束。

「這份資料請在本週完成」、「一年之內請達成此目標」被這麼要求時，勢必得回答：「是，知道了。」這麼一來，支配整個情況的人，是下指示的一方。

「真的沒問題嗎？」縱使心中這麼想，也說不出口。因為宣示的人不是自己，未必要扛下這個責任，有時甚至感受到自身不過是顆任人擺布的棋子。

也就是說，一旦被約束會容易感到痛苦、承受壓力，因此，約束最好是主動攻擊。

為了確定彼此的約束，所以宣示。

為了不忘記彼此的約束，透過宣示，把約束烙印在自己的腦中。

自己主動宣示的好處是——激發衝勁。

儘管承受不少的壓力，但會不停地動腦思考達成目標的方法，品質也會隨之提升。

「要是不順利該怎麼辦？」、「說大話，不會被笑嗎？」或許有人會這樣擔心。

當然，事事不可能盡如人意。

但藉由宣示，勢必會全力做好。如此一來，周遭的人都在關注你的做法，認同你的努力，也就不會說出不看好之類的難聽話。

即便沒有達到預期成果，也會告訴自己「下次再努力看看」。

一般專案的成功率約莫三成，若是透過團隊策畫，更是狀況百出，會遇到許多光靠己力無法達成的事，根本不太可能打出全壘打。

縱使如此，只要認真投入，自然會有人看在眼裡，這樣就足夠了。

總之，藉由「自己主動宣示」一事，就能讓對方留下深刻印象。因為很少有人會這麼做。

同樣也適用於事情進行得不順利時，透過宣示能給人留下深刻印象，也為自己的未來播種。

若想成長的話，請試著主動宣示。

這麼一來，也能打破禁錮自己的殼。

再介紹一個和宣示有著相同效果的方法。

那就是主動舉手。

想從事研發方面的工作，想成為設計師，想成為經紀人。

當機會來臨時，請務必主動舉手，表明自己的意願。

即使有點衝動也無妨，若只被動等待機會上門，便永遠做不了自己想做的事。

以我的經驗來看，能夠從事自身想做的工作的人，多是主動舉手，表明意願。站在委託者的立場，面對「幹勁十足，積極示意的人」與「一向被動，感受不到衝勁的人」，不必多說也知道想和誰合作。

不要期待總有一天有人會認同自己。

一旦你抱持著「誰是我的伯樂？」這種被動心態，機會便不會到訪，也無法去做自己真正想做的事。

最後，宣示要有所本。

那就是可以清楚想像實現後的結果，並努力落實。

今天，你要宣示什麼事呢？

持續

靜待時間解決一切

無論什麼事，難免有做到一半很想放棄的時候。
因此，適時收手也是重要的策略。
如同投資，重點在於不能讓自己蒙受莫大損失。
唯一的辦法就是「長期持有」。也就是「持續」這個不敗秘訣。

持續展現的效果不是加法，而是乘法，也等同複利。
不管是自身內在、人際關係、工作，還是日常的應對進退都能因此大幅成長。

任誰都有想放棄的時刻，尤其是面對工作。由於工作很辛苦、又充滿各種不安要素，人際關係問題也是如此。

但放棄隨時都能做，不必急於一時。若牽涉到感情方面的問題，那就另當別論。

有時也許還能做些什麼，或是情況有所改變。

當然，也不是說絕對不能放棄工作。

機會來臨時，一旦遇到自己想做的工作，馬上轉職，不必猶豫。

因為壓力而備感痛苦時，也必須及早判斷是否該放棄。

有時，放棄也是一種負責任的表現。例如，犯了嚴重的錯誤，或是一直無法獲得應得的成果，不如「乾脆放棄」。

有時當事者已經被逼得喘不過氣，但身旁的人卻不認為有那麼嚴重。

明明情況已經很危急，當事人沮喪到「只有放棄這選擇了」，而周遭的人卻想著：「以後還會遇到更困難的事，現在根本不算什麼」、「還是再努力一下比較好」，只是沒說出口罷了。

縱使沮喪不已，還是沒放棄樂觀的想法。

這是不把自己逼至窘境的秘訣，只是偶爾會萌生「放棄」的念頭罷了。最令人擔心的是，一旦發生類似情況，就習慣放棄，那麼，自信也會跟著喪失。

我認為「隨波逐流」的意思是——成為時間的夥伴。

儘管有各種理由，時間還是能代替自己解決一切。

忍耐帶來的是幸運。

如同股神巴菲特所說：「投資的利益就是忍耐帶來的報酬」。

CHAPTER

11

爲了明天的「時常」

請問松浦先生

對自己的將來深感不安，該如何是好呢？

「試著以十年為單位，列出今後的目標吧。如此一來，你就會更加珍惜每一天。」

無論時代變得如何，我們都要對未來懷抱希望，對未來充滿想像。
相信明天一定會更好，充實地度過每一天。

當下的每個瞬間都是為了未來，我是這麼告訴自己的。
飲食、工作、思考等等行為，今天的一切全是為了未來而進行。

如果今天打從心底感到幸福的話，這種幸福感總有一天會開花結果。總有一天會回饋到自己身上。
若今天感到很痛苦的話，就必須好好地反省。
今天這一天，也許僅僅是一天，但一天又一天，將會積累成為未來。

今天，你在思考什麼呢？
今天，你在想什麼呢？

今天，你吃了什麼呢？
今天，你聊了些什麼呢？
今天，你想要改變什麼呢？
今天，你想要孕育什麼呢？
今天，你為了什麼而傷心？
今天，你為了什麼而高興？
今天，你想克服什麼呢？
今天，你在忍耐什麼呢？
今天，你想感謝什麼呢？
今天，你喜愛上什麼呢？

一切都是為了稱之「明天」的未來，稱之「未來」的希望。
今天自己的答案，肯定會清楚顯現於未來。

捨棄 懂得知足

只要看著自己雙手捧著的東西就足夠了。不單是物品，還有情報、知識，以及人際關係。

至於雙眼看不到的事物，不曉得自己擁有多少，而且在不知不覺間不斷增加。

總之，積累越多越豐富的同時，也會心生優越感。我們很容易陷入這種迷思——擁有越多，越能安心嗎？

不覺得自己擁有的東西太多了嗎？

更何況，大多數都是可有可無的東西，需要時再來想辦法取得就行了。

重點在於，自己是否清楚需要多少事物？也意味著自我的承載量。

不僅僅是事物，情報也是一樣。擬定旅行計畫時，越是調查，獲得的情報就越多。舉例來說，查詢飯店時，會迸出好多選擇，結果遲遲無法決定，又找得很累。

「是不是還有更好的飯店呢？」

「是不是還有更划算的方案呢？」

一旦被「想要更好的欲求」所束縛，便不會滿足，也無法心懷感謝。

人際關係也是如此。社群平台促使人與人之間更容易搭上線，卻不見得能建立起相互信賴的關係。

不過是增加「認識的人」，禮貌性地打招呼、交流一下而已，實在稱不上建立深厚的關係。

況且也不見得會留下美好回憶，盡是忘記也無所謂的回憶。

記憶是每次想起來就會強化的事物，因此每當喚醒痛苦回憶時，都會重新體會當時的情感。

若沒有下意識地告訴自己「忘了吧」，以切換心情，那麼，痛苦永遠都不會消失，反而會引發負面情緒，更加鑽牛角尖。

其實，我們真的不需要過多的物品或資訊。若將自己比喻成車子的話，車子能承載的重量也是有限的。

想增長見識是好事，但一味增加，只會形成沉重的負擔，又如何期望車速能夠提升呢？甚至連煞車都不好踩。

開著超載的車子奔馳在路上，不僅容易故障，也容易發生意外。

雖說如此，每天忙於生活和工作的同時，看得到的東西和雙眼看不到的事物在不知不覺間都會無意識地不斷增加。

只要活著，便不可能切斷這個輸入。

因此，該扔的東西就扔吧。該忘的事情就忘吧。把握當下最重要。
每天都要check「這個是必要的嗎？」

捨棄的本質，有著所謂的精神性。
窮究哪些是必要的物品，捨棄多餘的東西。
不要想著「哪天會用到」、「也許哪天派上用場」，也不要覺得捨棄是一種失敗、損失。若能這樣來思考，就可以整頓心緒。

關鍵是自己要捨棄什麼，要持續擁有什麼。以此為基準就對了。
我唯一無法捨棄的，是別人寫給我的信。信裡撰滿寫信之人的想法，由於是值得好好感謝的事物，是我的寶貝。
倘若稱為「自己」的容器裝滿了，便無法再塞進任何東西。
如果硬塞，反而會不清楚真正重要的東西放在哪裡也說不定。

為了明天能接收到什麼，所以今天非得捨棄什麼。

金錢與時間

打從心底感動

我們最該瞭解的，就是「金錢與時間」。
如何與金錢、時間和睦相處，可是人生的一大課題。

金錢本身沒有任何價值。
只有使用的時候才有價值，像是用錢交換事物。

那麼，自己要用錢交換什麼呢？

當然是對自身來說，有價值的東西。例如，用一萬日圓交換兩萬日圓的價值；但這之間差距的一萬日圓是附加價值，交換入手的東西必須花費「時間」才能產生價值。

舉個簡單的例子——用一萬日圓買一本書。

花了三天看完這本書，心想：「哦~原來是這樣的故事啊！」和花了一個月慢慢讀這本書，細細吟味思考，兩者所產生的價值並不一樣。

依據使用時間的方式不同，價值也會有所改變。

我們要善用金錢。當然像是消耗品之類的，該花的還是得花。

無論是生活還是工作方面，都要懂得善用時間。

該如何善用呢？建議要擁有一個方針，而且這個基準與損益無關。

我的方針很簡單。

無論是金錢還是時間，都要運用在令人感動的事物上。

不是「想要」什麼，而是在於能否讓人感動。僅僅是這樣。

我想把錢和時間花費在能讓人打從心底感動、開心的事物上。

感動能使人知道各種事，學習到各種事，得到無價的體驗，還有珍貴的邂逅。

因此，我們要慎重地使用金錢和時間。

也要持續尋找美好的感動。

所以我們要善用金錢與時間。

培育 給予滋潤

你培育過什麼嗎？

無論是心靈還是身體，人際關係還是工作，如同給植物澆水一樣，全都靠自己培育。

不能存著「或許有人會幫忙培育」的心思，或是對於培育有敷衍之心。

總之，自己的事只能靠自己培育。

不管到了幾歲都要培育自己。

這是理所當然的事，我們卻往往沒有意識到。即便知道上了年紀會自然老去，也不能放棄培育一事。

我認為，人一輩子都在培育。
如同照顧植物般，有時給予水和營養，有時則搬到陰涼處，拔除多餘的枝葉。
不能任由自己閒置、枯萎。
不只是自己，對待他人與社會也要有「培育」的心態，這樣會改變看待事物的觀點，心也變得寬容。
不是所謂高高在上的態度，也不是對任何事物都漠不關心，正因為周遭的一切都與自己有關，才能萌生近乎愛情的情感。
面對他人，不要總想著：「這你應該也不會吧？」而是體貼地想：「要是這麼做的話，一定可以做得更好吧。」
當然，也不要忿忿地想：「怎麼會搞得如此不方便啊！」而是試著思考：「如果改變一下結構，應該可以改善許多。」

重新培育快要枯萎的自己，有時必須更換土壤。

若看到萎靡不振的人，便給予水和養分吧。

並且深思熟慮該如何阻止社會愈來愈衰敗。

仔細觀察事況，並給予援助吧。

我再問一次，今天你要培育什麼呢？

眼界

爲了什麼而吆喝衆人呢？

在此稱之為眼界，似乎有點誇張，但我認為思考自己的生存理念是很重要的事。

「理念」一詞聽起來有點難懂，或許置換成「方針」、「概念」比較好。

簡單來說，就是如何生存下去。

也意味發生什麼事時，就能支持自己下去。

人生總是伴隨著勞苦，有時也會深感迷惑。為了面對勞苦與迷惑，便必須擁有專屬的眼界。

「自己的眼界到底是什麼？」思考這件事是有意義的。不僅是凝視自己，也有確認自我價值觀的意思。換句話說，好好看待自己最重視的事。

「若是為了爸爸，吆喝！若是為了媽媽，吆喝！再來一次，吆喝！」這是我很喜歡的「吆喝歌」歌詞，一首以「為了家人的幸福而努力」為訴求的歌。

有金錢觀正確的人，一定也有珍視家人的人，當然也有希望世界變得越來越好的人。每個人都有著絕佳眼界。

此外，隨著年紀增長，眼界也會有所改變。不，應該說要改變。一直以來都是抱持這樣的眼界，今後也想抱持這樣的眼界而活。

如果可以的話，最好每年確認一次。
思考為了實現這樣的眼界，自己該怎麼做。

一旦工作、住所改變，眼界也會跟著改變。
家族成員增加時也會改變。
好比一向工作優先的人在上了年紀之後，或許會把「健康」擺第一。

對自己來說，眼界代表護身符。
一年一次，如同更換護身符，也要定時更新自己的眼界。

相信

只有自己才能拯救自己

發生讓自己喪失自信的事情時，該如何重新振作呢？

其實，最強的力量就是相信自己。

因為相信自己的心情就足以拯救自己。

即使周遭的人都說「沒辦法了」，只要自己覺得沒問題，「相信」的力量絕對可以克服困難。

回首我二十、三十幾歲時，也會莫名地沒自信。

現在想想，那應該是當時沒有仔細地分析自己，不瞭解自己的關係。沒有好好深思。

現在的我不像以前那麼天真，也明白自己有多少能力。
儘管如此，面對自己無能為力的事，還是會沮喪、絕望，甚至還是會有被擊潰得體無完膚的時候。

再次找回自信絕對不是簡單的事，有時甚至必須花上好幾個月。
必須花上一段時間，才能再次肯定自己。

當然日常生活照舊，出門工作、和朋友碰面聚會。
但總有一瞬間，會突然覺得「自己已經不行了」，不是嗎？
雖然這是非常痛苦的事，卻也不能忽視不管。
最後的關鍵，就是相信自己。相信自己即使被逼至絕境，還是可以谷底翻身。

那麼，該怎麼做呢？

我思索著有什麼合適的話語，那瞬間，我發現有句話可以切換我消沉的心情。

不是任何人說的話，也不是這本書裡寫的話。如果不是自己內心湧現的話語，便難以觸動人心。

當時，促使我重新振作的話是：「無論發生什麼事都沒問題。」

我洗澡時，突然想起這句話。

心情瞬間切換。

「已經沒事了。」

「不必那麼在意了。」

「再一次相信自己吧。」

「無論發生什麼事都沒問題。」

這是那時的我最渴求的一句話。

重要的是，這句話是從自己的內心湧現出來的。

二、三個月以來，自我一直深陷沮喪的漩渦中，再也沒有比要相信自己，勇敢面對的話語來得更激勵人心。

此外，我還想到另一句話：「發想新事物吧。」

也是一句令人瞬間湧現力量的話語。

「那個已經失敗了。」

「已經沒輒了吧。」

「那就朝著下一個目標前進吧！」

不必是艱澀難懂的話語，也不必是耍酷的話語。

僅僅是這句話，便濃縮了能夠拯救當時的自己的東西。
我將想到的話語放入心的口袋，遇到事情時即可拿出來確認。
就這樣好幾次克服了心靈危機。

我想，人是一種用話語就能守護的存在。
當然，有時會因為話語而受傷，卻也有著讓人奮起的話語。

縱使遭遇莫大的失敗與挫折，也要始終相信自己，絕不放棄，便能東山再起。
相信是一股最強的力量，所以今後要一直相信自己。
只要相信自己，就一定能靠自己找出答案。

請問松浦彌太郎：將心安放的基本

作　者　松浦彌太郎 Matsuura Yataro
譯　者　楊明綺 Mickey Yang

責任編輯　鄭世佳 Josephine Cheng
　　　　　何奕萱 Esther Ho
責任行銷　袁筱婷 Sirius Yuan
封面裝幀　高偉哲 Kao Wei Che
版面構成　黃靖芳 Jing Huang
校　對　葉怡慧 Carol Yeh

發 行 人　林隆奮 Frank Lin
社　長　蘇國林 Green Su

總 編 輯　葉怡慧 Carol Yeh
日文主編　許世璇 Kylie Hsu
行銷經理　朱韻淑 Vina Ju
業務處長　吳宗庭 Tim Wu
業務主任　鍾依娟 Irina Chung
　　　　　林裴瑤 Sandy Lin
業務秘書　陳曉琪 Angel Chen
　　　　　莊皓雯 Gia Chuang

發行公司　悅知文化　精誠資訊股份有限公司
地　址　105台北市松山區復興北路99號12樓
專　線　(02) 2719-8811
傳　真　(02) 2719-7980
網　址　http：//www.delightpress.com.tw
客服信箱　cs@delightpress.com.tw
ISBN　978-626-7721-14-8
建議售價　新台幣３３０元
首版一刷　２０２３年12月
首版三刷　２０２５年06月

國家圖書館出版品預行編目資料

請問松浦彌太郎：將心安放的基本著：楊明綺譯. -- 二版.
-- 臺北市：悅知文化精誠資訊股份有限公司，2026.06
272面；13×19公分
譯自：松浦弥太郎の「いつも」：安心をつくる55の習慣
ISBN 978-626-7721-14-8（平裝）
1.CST: 習慣 2.CST: 自我實現 3.CST: 生活指導

176.74　　114007443

建議分類｜心理勵志